大人的關西私旅

職人選物、特色旅店、藝文書屋
設計雜貨、美食咖啡52選

羅沁穎——著

私房關西・鍾愛推薦——

《日本東北・極上祕境》作者　aLiCia 愛莉西亞

　　頻繁的旅行，無論是住宿或美食、選物、空間美學，甚或只是一杯咖啡的時間，都能打開一個人的視野，累積興趣的深度，也成就大人味的偏好。關西京阪神地區是許多人熟悉的日本旅行地，但隨著頻繁到訪，季節之外，我也喜歡在自己感興趣的主題裡繼續尋找旅行的樂子與新想法。

　　沁穎不藏私的分享中，有我極喜歡的店家如 Lisn、SOU・SOU、遊中川等，多年來一直是品牌愛用者；書中更有許多我不知道的店家，一看完就想納入口袋名單，終於不再等待季節，隨時就想展開一場尋找日常生活的溫暖感動，下回的關西之旅，讓我們一起發現新大陸吧！

《私・京都 100 選》作者 徐銘志

　　飛機降落關西機場後，旅人各奔東西，旅途則是複雜的排列組合選擇，有人直奔古都京都，有人想一次蒐集京阪神，有人打算暴食神戶甜點……性格截然不同的城市彼此相鄰，是遊歷關西最誘人之處，旅人總能找到怡然安心的角落。

　　身兼作者、領隊羅沁穎寫的《大人的關西私旅》，不以地區做分類，反而將京都、大阪、奈良、神戶的景點，收納於選物店、書店、咖啡喫茶店、美食、美術館、旅館的章節中，更能對照出每個城市的迷人神韻。

| 大人的關西私旅 |

「傑利帶路」創辦人　傑利

　　旅行許多國度、城市後，旅行會有種屬於 40 歲以上的堅持與任性。我們這些「大人」們在老街巷弄間尋找著自己喜愛的空間、氛圍甚至味道。不管是惠文社、SOU・SOU、京都國立博物館或年代久遠的咖啡館，都有值得駐留的理由。畢竟，迷失在小巷弄間的驚喜，才是驚喜。

　　沁穎的文字與旅行，有超乎期待的細膩、雅致、品味與風格，讓人想要遠離觀光客的追逐。喝著咖啡，細細品味自己喜愛的建築、藝術、老店、書店與咖啡館。這才是沁穎跟我心照不宣的私旅行啊！

Kansai 觀光大使暨旅遊美食作家 溫士凱

　　2016 年 8 月，我很榮幸獲頒臺灣第一位日本關西廣域官方名譽觀光大使「Kansai 觀光大使」的頭銜，對於日本關西廣域的推廣，有著更深的責任和義務。在過去這些年，日本關西廣域地區的多樣文化、美食、娛樂和景緻，再加上交通的便捷和關西人特有的人情味，深深受到臺灣朋友喜愛。因此，日本關西廣域對於臺灣旅客而言並不陌生！

　　只是有時候資訊太多、太雜，選擇性太豐富，反而容易造成旅遊計畫的困擾，很難在有限時間裡精準掌握旅遊行程。因此，我特別推薦羅沁穎的新書《大人的關西私旅》，絕對是想要深度旅遊關西廣域朋友們的參考首選！認識沁穎多年，對於她的日本旅遊知識、寫作態度，我非常有信心。

　　日本關西廣域真的非常值得一玩再玩，更歡迎大家跟著沁穎新書的腳步，許自己一個美好對味的關西時光！

| 推薦語 |

序

隨時找到前往關西的藉口

　　身為一個前媒體工作者兼日本領隊，無論工作或旅遊，都常常前往日本關西地區，京阪神奈更是大家最愛遊走之地。對愛吃的我來說，若以甜點比喻，京都像似巧克力，苦中帶甜，富含層次，依照所加入牛奶、糖分等比例不同，吃進嘴裡的歡愉程度不一；大阪則像水果塔，一目了然的繽紛、直爽且自在；奈良是紅酒燉洋梨，內斂而深不可測，卻又單純質樸，多吃幾口就會愛上它酸甜帶點微醺的味覺；神戶則非馬卡龍莫屬，外表熱情洋溢、內在奔放多元。

《源氏物語》中占有頗重篇幅的宇治鄰近京都，平等院鳳凰堂在春櫻時節更顯得嫵媚。

為了完成這本書，去年春天花了近 1 個月時間待在關西，時值春櫻季節，儘管這趟旅行主要目的並非追櫻，但粉紅色的優雅浪漫，任誰都難以抵擋。每日出門探訪前，總會特意選個鄰近的賞櫻景點，成了寫書之餘的小樂趣，畢竟櫻花樹下佇足發呆是季節限定的浪漫，值得特別通融。

大人的旅行，細膩卻深刻

這次「大人的旅行」走訪許多特色書店、熱愛的建築與美術館，還認識了許多各行各業的職人。特色書店尤其收穫豐碩，京都書店一如京都的品味，精緻充滿個性；大阪書店則把庶民味發揮極致，熱情奔放。特色書店，絕對是認識城市文化魅力的發信點。

日本傳統工藝向來十分迷人，工藝老店則是「大人的旅行」的另一個重點。老師傅堅持傳統技法把千百年傳承技術發揚光大，不只是感動，更是對古老文化的尊敬與驕傲。

至於我熱愛的建築與美術館，這回雖然走訪頗多，礙於篇章不得不有所取捨。其中一個沒放進來的遺珠之憾，當屬揚名國際的設計師吉岡德仁在將軍塚青龍殿限時展出的「光庵」。舞臺上清澄玻璃茶室映著青龍殿古寺痕跡，舞臺下京都市區景象盡收眼底，現代禪意與古都風情在透明茶室中融為一體，可惜是限時展出，只好割捨不列入介紹，卻是古都令人怦然心動的設計新意。

美食及咖啡，我想是每一個旅人在路途中不可或缺的精神支柱。雖然我還稱不上是美食家，但毫無疑問是美食愛好者。一個人獨自享用美食固然有細細品嘗的餘裕，但能與朋友一同探索美食，一起點菜、分享、品論，更是津津有味。這回選擇的店家不見得是響叮噹的名店，卻都是懷抱著好奇心發掘的美味，成為旅途中美好的味覺回憶，

口味完全依照個人喜好，還常加入讓女生不理性的氣氛分數，能否符合大家期待請自行斟酌。

　本書從採訪到書寫成稿，前後歷經將近半年時光，要感謝的人多不勝數，時報出版的編輯與行銷企畫在採訪前就多次討論，可說是共同催生者。還要特別感謝 J&T CONTENTS（株）魔力貝蒂有限公司、京都觀光會議局的幫助，完成許多不可能的任務，無論是宇治市的深度探訪，或京都國立博物館的特別採訪，甚至請出當家吉祥物熱情助陣，也豐富了本書的內涵。
　這絕對不是一本典型的關西旅遊書，而是希望透過文化魅力的挖掘，在欣賞景點之外的餘韻，為自己隨時找到前往關西的藉口。

期間限定的「光庵」已過展出期，只能透過照片一窺當時的感動。

｜序｜

目 次

一、大人的選物，質感的關西

買下的紀念品，不只是旅程的回憶，更滿載著故事，
職人傳承數百年的堅持，以及想傳達給世界的理念
才是最值得收藏的匠心獨具。

一、大人的選物，質感的關西

京都—左京

| 01 |

銀意匠

設計大師也愛的家具、家飾

12

今年第一次造訪哲學之道時，仍是早春時節，路上櫻花樹還多處於未開狀態。然而位於中段處河堤邊，一幢白色房子前的幾株櫻花卻難得地燦爛綻放，彷彿要把其他尚未開花的份一起彌補起來。本為追尋櫻花而來的我，也意外邂逅這滿開櫻花樹前的美麗小店「銀意匠」。

1／茶室也身兼了
Showroom 功能。
2／空間布置搭配
商品風格，含蓄而
有品味。

發跡於長野之
設計小店

　銀意匠的空間具有獨到設計美學，負責人瀧一雄說，銀意匠母公司是位於長野縣的「木曾 Artech」，由於長野縣盛產木材，便利用當地產的木材來製造家具、家飾，也提供空間設計，同時衍生出木、漆、鐵、布、紙等各種裝潢素材。這裡既販賣商品，也身兼 Showroom 功能，難怪空間布置有別於一般店面。幾根湯匙、幾張餐墊、幾片木板，都能有型有款地被展示，尤其木器質感優美，搭配哲學之道的美麗窗景，禪意十足。

3／即便是小小的木製湯匙也製作精美。4／本店「木曾 Artech」利用長野縣木曾的木材，製造出許多可作裝潢用的和紙。

14

5／門把的樣式雖
低調，卻有各種顏
色可挑選。

設計大師也愛的
裝潢素材

　　商品之外的裝潢素材雖不能買回家收藏，卻也能像欣賞藝術品一
般，開開眼界：各種顏色和紙可用來做紙拉門或空間布置，有的和紙
甚至能夠防水；地板木材每一階也不盡相同，充分保留天然紋路。在
這裡找材料，均不用色票與樣品，直接以真實展示品供人參考。

15

16

瀧一雄也透露，因為商店特色，來這的客人多從事設計業。許多有名的設計師如橋本夕紀夫、隈研吾等，也有選用他們家的東西做裝潢。

二樓則是間咖啡店，不過當天已近打烊時間，不見客人徘徊。可以想像坐在這裡喝咖啡能多麼愜意，打開窗戶伸手可及就是櫻花，還可俯瞰哲學之道的散步人潮。果然，跟著櫻花走就會帶來意外驚喜，哲學之道旁的「銀意匠」，用櫻花當背景，展現出不凡的空間美學印象。

銀意匠

⌂ 京都府京都市左京区鹿ケ谷法然院町 43
🕐 9：30 ～ 17：30；不定休
📞 075-751-7175
@ www.kiso-artech.co.jp

6／2樓的咖啡店，
恰好可欣賞哲學之
道的滿開櫻花。

| 02 |

montique

舊時光的和洋老靈魂

| 大人的選物 |

1／看似隨意的擺
設，彷彿親切的邀
請你進去一探究
竟。2-3／老闆從
日本、法國精心挑
選的骨董雜貨。

　　一乘寺一帶的小店都充滿個性，小小的 montique 門外有服裝店的
假人模特兒架、幾把舊椅子、花草、一些生活雜貨，看似任意擺放的
隨興，其實錯落有致。走入店內，則與店外的輕鬆落差頗大，懷舊風
的人型木頭櫃子上擺放著精心挑選的小裝飾品、餐瓷，充滿了東西混
合的早期亞洲殖民風格。

4／首飾也充滿復
古風味。5／經過
老闆巧手布置，小
東西也很有味道。

　　這裡除了販售骨董餐瓷、家具，還有為數不少的首飾。年輕的女老
闆解釋，店內大部分的選品來自於日本、法國，均是她精心挑選，就
像店名一樣，「montique ＝ mono（物）＋ antique（古物）」算是
一種融合的造字，果然連店名都是風格一致的和洋混合。

賦予老物靈魂之美

　　店內有非常多小物等待被挖掘，例如很像小藥罐的咖啡色玻璃小
罐，老闆隨意插了朵乾燥花放在陳舊木盒中，美得彷彿老電影場景。
平常在其他店不起眼的小物，在這卻搖身一變成為有品味的骨董擺
設。就算再不起眼的東西，若能發掘它的美，就能散發不同風采。實
在很難不佩服老闆的巧手與慧眼。

這麼獨特的店，自然吸引不少歐美人士造訪，她也透露，很多歐美客人喜歡來此選購大型櫃子，讓她頗為驚訝。不過，店內經過她巧手整理的櫃子都有型有款，真的不難理解為何歐美人就算不辭千里，也要把笨重的櫃子搬回家了。

老闆把古董雜貨經過一番整理與布置，賦予這些快被大家丟棄的老東西新生命，原來天下沒有醜陋的東西，只有不懂得欣賞的人。

montique

⌂ 京都府京都市左京区一乗寺払
　殿町 12-2 寺岡ビル 1F 西

🕙 11：00 ～ 19：00；星期四休

📞 075-711-1785

@ www.pour-montique.com

6／即使是體型巨大的老櫃子，也有歐美客人願意千里迢迢地帶回家。

| 03 |

KARANKORON

戀上大人味和風小物

| 大人的選物 |

1／KARANKORON
京都的招牌也是暖和
色調的木頭格子。

　似乎只要來到京都，嵐山總是必去之處。景緻基本上沒有太多變化，頂多隨著季節而讓嵐山的妝容有所不同，但我愛去嵐山還有個理由，就是那裡的熟悉與放鬆感。

　有人一定不以為然，現在的嵐山觀光客也太多了，要怎麼放鬆？畢竟身為京都西邊最熱鬧的旅遊地，搭乘巴士、JR、嵐電、嵯峨野小火車等都能輕鬆抵達，遊客當然絡繹不絕，而且沿著河川散步，最能感受京都的優雅與美麗。對我來說，望著嵐山的樹影搖曳與大堰川的流水淙淙，即便總是人山人海，但心有餘裕，就很舒暢。

繽紛的
彩色京格子魅力

　嵐山商店街更是十分好逛，每一家都散發可愛氣息，其中一間有著彩色暖簾的 KARANKORON 京都，更讓在春天造訪的我覺得充滿盎然春意。

　日本人——尤其是京都人，在千年古都文化孕育下，個個美感優秀，能入京都人眼的，勢必也都在水準之上。

23

2／設計現代的皮
包，染上繽紛的花
樣。3／將傳統京
都特色用現代設計
呈現。

KARANKORON 京都是京都服飾、雜貨製造商「SOUVENIR」旗下品牌之一，代表風格就屬暖簾上一格格的粉紅、紅、白、黃、藍、綠等格子設計，也廣泛運用到各式商品上。顏色都不是很飽和，帶點粉嫩色彩，看起來甜甜的，如同京都人般喜歡曖昧的風格，隱約之美才是王道。

就像京都街頭常見的石坂路，人車走過時就會發出「カランコロン（karankoron）」的聲音，只要你靜下心來，就會聽到各種京都日常生活的聲音，而只要有一種聲音消失了，就代表某種文化絕跡。KARANKORON 京都希望留住每一個京格子的生命，讓充滿京都氣氛的東西能被保留下來，讓京都可愛的雜貨小物繼續被大家熱愛，所以取了這個名字。

大人也忍不住
淪陷的可愛

　　店內販售的商品有京扇子、小錢包、手巾、裝飾品等，都保有京都傳統熱愛的元素，如啤酒、小花、鳥居、京都塔等，又加以簡化成現代風格。由於設計太可愛，「卡哇伊」的驚呼此起彼落，店內客人也會抬頭相視而笑，彷彿成了選購的默契之一。

　　我也在被這浪漫情緒渲染，挑選了可愛的京雜貨。出來時望著門口的冰淇淋，又再度忍不住叫了聲「卡哇伊」，連冰淇淋也要灑滿彩色糖球，KARANKORON 京都實在太會製造可愛氣氛了。

KARANKORON 京都（カランコロン京都）嵐山店

⌂ 京都府京都市右京区嵯峨天龍
　寺造路町 35
🕐 10：00 ～ 18：00
📞 075-882-0678
@ kyoto-souvenir.co.jp/brand/
　karancolon/

4／紙製品實用
又可愛。5／冰
淇淋上灑滿彩
色糖球。

| 04 |

SOU・SOU

打造出設計小鎮的時尚品牌

1／小小新京極巷弄裡藏著多間 SOU‧SOU 系列商店。

迷失在小巷弄間的驚喜

京都的精華不在大馬路上，小巷弄裡才是迷人之所在。連不是很愛逛街的我來到京都，也像完全變了個人似的，一條看似幾分鐘就可走完的小路，兩三個小時過去了，卻始終無法走出去。這不是鬼打牆迷路了，只是每一家店都有著莫名的吸引力，索性只能不斷把預定行程往後延。

尤其四条、三条、河原町這帶，更是店家齊聚的精華區。高島屋、大丸等大型百貨公司雖然聚集各式品牌，但隱藏在大馬路後面的小巷弄，才是挖寶之所在。

新京極商店街是一條從四条到三条間的小街道，雖然主要商店街上商家已有不少，後方小巷弄更是密密麻麻擠了不少店家，排列上也不甚規則，值得探索尋寶。近幾年頗受歡迎的京都在地品牌 SOU‧SOU 就在新京極商店街後方的小巷中，他們群聚多家店面，藉著團結力量人，一網打盡所有族群，為了方便大家尋找，甚至立起指示牌，指出每個店家的方向。

打造「日本履物最高傑作」

SOU・SOU 販賣的是現代和風感商品，包括足袋、手巾、衣服等，每一間各有自己的主打項目，店名也都以主打商品命名。

企畫室長橋本小姐首先帶我來到最顯眼的「SOU・SOU 足袋」，這算是品牌最先推出的成功代表作，除了傳統的黑白樣式，更打破傳統，設計出幾何圖形、傳統印花等色彩鮮豔的花色圖騰，一推出就廣受好評，立刻打響知名度，不時還會推出季節限定版商品，因此號稱「日本履物最高傑作」。

「足袋」就是分趾襪，是穿著木屐時用的襪子；還有一種叫「地下足袋」的分趾鞋，戲劇中忍者所穿的鞋子就是這個。其他還有分趾鞋墊等商品，只要是想得到與腳有關的商品，這裡幾乎都可找到。

陳設更是頗具巧思，每雙鞋、襪中有時會發現裡面偷偷塞了一個小娃娃，彷彿是偷穿爸媽鞋子、惡作劇的小朋友，看了不禁莞爾，其實這是利用剩布手做的小娃娃，一樣另有販賣。

新和風、新日本文創的創造者

這個誕生於京都的品牌，是由織品設計師脇阪克二、建築師辻村久信、製作人若林剛之於 2002 年設立，商品包含足袋、和服、家具等生活領域，織品更占了半數以上。

SOU・SOU 最大的魅力就是各式活潑俏麗的圖案，織品設計師脇阪克二為 SOU・SOU 設計了多款暢銷花紋。靈感多來自於自然界中的動植物，或是把日本傳統的家徽、紋樣做變化。配色上更充分發揮

2／「地下足袋」是可外出的忍者鞋。
3／用剩布做的小娃娃，常常被當作裝飾偷偷塞在足袋中。
4／SOU‧SOU 的花紋靈感多來自動植物，或日本傳統家徽、紋樣，顏色豐富繽紛。

日本人善於翻玩色彩的美學魅力，難怪支持者從老到小都有。「新和風」概念不僅成為品牌註冊商標，使用者的黏著度也相當高。

　　本以為能設計出這些讓人少女心大噴發的圖案與花紋，設計者一定是位年輕人，沒想到脇阪克二已經是一位 70 多歲的老爺爺了。京都出生的他從小深受京都美學影響，年輕時在芬蘭知名居家生活品牌「MARIMEKKO」工作，就創作出超受歡迎的「BO BOO」作品，後來又前往紐約「JACK LENOR LARSEN」品牌歷練。深厚的資歷讓他所設計的作品跨越各年齡層。私底下的他個性也相當浪漫，他曾在接受媒體訪問時透露，自己每天都會繪製一張明信片送給妻子，幾十年來從不間斷，永保童趣與浪漫，或許就是他能深深抓住男女老少喜好的祕訣吧。

能跨越國界的美好設計

　　店內裝潢時尚可愛，還和知名日本設計家具專門店「天童木工」合作，把設計椅加上自家花紋圖騰，創造出獨特風格。天花板與外牆吊滿許多數字，其實這和品牌名稱有關。因為 SOU‧SOU 發音類似日文「素数」（SO-SU-U），就是質數，橋本小姐說明：「數字是很中性的，不需要語言就能跨越國界，世界各國的人都能理解，所以才以此命名。」

　　此外，SOU‧SOU 用日文表現就是「そうそう」，意為：「對，就是這樣。」這句話不僅常無意識地出現在日本人對話中，甚至外國人與日本人對話時也常成為語助詞，簡單好記又能傳達人與人之間彼此認同的感覺。SOU‧SOU 更希望把這個日本人經常說的詞彙，當作再一次重新審視日本的契機，因此 SOU‧SOU 特別強調「新日本文化的創造者」概念。

5／與知名日本設計家具專門店「天童木工」合作的產品。6／SOU‧SOU 足袋的天花板吊滿代表品牌理念的數字裝飾。

7／依循古法製作的「SOU
・SOU 伊勢木綿」花樣繁多，
擺在家中當成裝飾品也相當漂
亮。8／「SOU・SOU 着衣」
將和服融入現代元素，平常穿
也不會太過隆重。

從頭到腳，都有專賣店

接著，我們來到「SOU・SOU 伊勢木綿」。這可說是 SOU・SOU
系列中相當具代表性的品項，販賣日式手巾、風呂巾、圍巾。充滿和
風感的織品不只是京都印象的代表，更受外國人歡迎。

伊勢木綿是三重縣的傳統織布工藝，特性是使用質地較細、有點接
近棉的線來紡織，越經洗滌質地就越柔軟，從江戶時代傳承至今已有
250 年歷史，更遵循古法手工染色，目前只剩臼井織布一間仍然維持
傳統作法。SOU・SOU 特別選擇和臼井織布合作，不僅成品更顯貴
重，也可見其對傳統工藝的重視。而 SOU・SOU 商品上也不只有自
己的商標，也一併打上配合製造的廠商，展現敬意與尊重。

每一間店有主要的販售品項，消費者選擇時也更顯便利。「SOU・

9／「SOU SOU 布袋」五花八門的袋子商品。
10／SOU・SOU 也有眾多孩童的衣物設計。

SOU 着衣」販賣流行和服；男生則可在「SOU・SOU 傾衣」挑選男裝；想要買袋類商品，不能錯過「SOU・SOU 布袋」；想選傳統染織品當伴手禮，就到「SOU・SOU 染めおり」看看吧！小孩子更有自己專屬的「SOU・SOU わらべぎ」；甚至還有茶室、生活商品……SOU・SOU 可說是從頭到腳全包了。除了京都，在東京、洛杉磯也設有分店，也曾和流行品牌 UNIQLO、le coq sportif 等合作聯名商品。

店員就是品牌 ICON

這裡的店員沒有制服，但每個人穿的都是 SOU・SOU 的服飾，該店應徵廣告中更有一項要求：一定要喜歡 SOU・SOU 的商品。新人

剛進來時，公司會讓大家自行挑選一套基本服裝當作制服，之後就各憑自己的穿搭本事了。來到店裡你會發現，每位店員都是穿搭高手，不僅成為最好的活招牌，更是時尚 icon。

　　店員們也不像大多數日本人那般拘謹、強調隱私，只要經過詢問，都很樂意拍照、合照，甚至官方網站上都有店員的相片與名字，顯見店員已經不只是單純的聘僱人員，更成為足以代表 SOU‧SOU 的精神象徵。

　　「新日本文創的創造者」的品牌定義，早已從單純的宣傳概念，融入到 SOU‧SOU 工作人員的日常生活中。幾個鮮明活潑的數字符碼，打破的不光是語言的界線，甚至連日本人保守的內心都被敲開了，SOU‧SOU 的文化突破可以說十分徹底。

SOU‧SOU 足袋

🏠 京都府京都市中京区新京極通
　　四条上ル中之町 583-3
🕐 11：00～20：00；無休
📞 075-212-8005
@ sousounetshop.jp

11-13／SOU‧
SOU 的店員個個
是穿搭高手。

芸艸堂

迷人的木板印刷世界

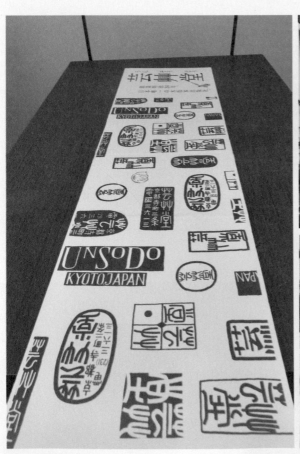

京都的街道名稱常透露出一些行業類別的線索，如距離觀光客眾多的河原町不遠、具濃厚文藝氣息的寺町通，就是因 400 年前豐臣秀吉時代曾為寺廟群聚地而得名。現在雖然依然寺廟眾多，但更為大家熟知的則是許多美術相關店家，加上濃濃復古風情，躍身為熱愛老街藝文風者的首選之處。

寺町通店家密集，知名茶店「一保堂」本店也位於此，帶來不少人潮。儘管如此，和總是人群雜沓的東山、河原町比起來，仍相對安靜許多，來往行人的穿著打扮也以個性十足的休閒、藝術風居多。

在寺町通接近京都市役所前的芸艸堂，外觀雖不起眼，卻號稱是日本唯一製作手摺木版本的出版社。對「唯一」毫無抵抗力的我，也決定入內瞧瞧。

從選紙到上色都講究

創立於 1891 年的芸艸堂，最早以製作美術出版品為主，為凸顯美術作品，從選紙到上色都極為講究，除了明信片，還有版畫、木版書等眾多美術類出版品。

果然，店內琳瑯滿目的明信片立刻吸引我的目光，首先是印著京都四季之花的明信片：菖蒲、紫藤、桔梗、櫻花、繡球、牡丹等各自爭豔。以白紙為底，耀眼的花色在淡雅的枝枒之間更顯突出。

1／芸艸堂店內以美術類出版品居多。
2／彌足珍貴的木版印刷書籍。

3／伊藤若冲的拓
版画，黑白對比感
受強烈震撼。4／
非常有特色的明信
片，選紙與上色方
式都別具一格。5
／花版畫。

芸艸堂

⌂ 京都府京都市中京区寺町通二
条南入妙満寺前町 459 番地

🕙 10：00 ～ 17：30；假日休

📞 075-231-3613

@ www.hanga.co.jp

　　再來又注意到以江戶時代著名的浮世繪畫家喜多川哥麿、哥川廣重、葛飾北齋、東洲齋寫樂等人作品為主的明信片，雖已是老題材，但芸艸堂選用具珍珠光澤的高級美術紙，質感更勝一籌；還有 2016 年迎接誕生 300 年紀念，占據各美術館報導頭條的江戶時代鬼才畫家伊藤若冲的拓版畫〈玄圃瑤華〉，黑白對比處理留下強烈震撼。

　　芸艸堂無論在印刷色澤或紙張選用，都與一般大眾印刷產品不同，不僅顏色更立體，邊角甚至留有不規則的紙張纖維痕跡，摸起來別具手感。

　　傳統木版畫需要靠繪師描繪圖畫、雕師雕刻木版、以及替木板上色的摺師一同協力完成。在老職人越來越稀少的現今，芸艸堂仍然堅持保留傳統作法。為了讓大家更了解木版印刷，芸艸堂二樓也設有藝廊，展示珍貴木版畫工具與史料。了解芸艸堂其堅持背後的歷史意義，讓架上的產品更顯得彌足珍貴。

│ 大人的選物 │

petit à petit

森林中展翅飛翔的彩色小鳥

37

1／各種造型與圖案的包
包。2／中村雪（左）的圖
案設計加上奧田正廣（右）
的印刷，是最完美的呈現。

　　有別於寺町通饒富古意的老店，petit à petit 用繽紛色彩裝點老屋，
充滿新意，更洋溢著法式情調。

　　坐落京都，卻有著法國名字的小店，令人充滿好奇，走到店門口，
立刻被一張白底與各色小山組合圖案的暖簾給吸引，雖不是傳統京都
暖簾，卻與京町家老房子毫無違和。門前還有京都常見的「犬矢来
（いぬやらい）」，是防止貓狗在住家前撒尿，以木頭或竹子製成的
圍籬。漂亮的「犬矢来」與擺放店前的可愛商品相互映襯，頗有輕盈
浪漫的情趣。店內則陳列許多色彩鮮豔的袋子、書套、包包、墊子等
商品，甜美的居家氣氛讓每位進入店內的人都忍不住發出驚呼。

兒時玩伴一起完成夢想

　　店名由來出自於一句法國俗諺：「小鳥一點一點築巢。（Petit à
petit, l'oiseau fait son nid.）」包含店主想要一點一點努力製作好東
西的心意。

38

petit à petit 是兩個兒時玩伴於 2014 年在寺町通開設的小店，兩人原本各自在不同領域發展。中村雪是插畫家，活躍於廣告、雜誌、書籍、商品設計，也擔任講師；奧田正廣則在紡織品印刷領域表現卓越，很早就開始研究數位印刷，努力鑽研如何讓繪畫作品，在適合的織品上呈現出最漂亮的色彩。經由兩人分工合作，petit à petit 因而誕生，印刷後的織品色澤恰到好處，準確的分色讓圖案更具立體感。

用色紙拼貼出可愛故事

有故事的設計總是讓人愛不釋手，petit à petit 每件作品都有自己的故事。中村雪說，例如表現從京都鴨川眺望群山的「Les Montagnes」，想呈現的是突然與遠方友人邂逅的欣喜。山雖然不會動，但只要我們踏出步伐就能和人產生互動，甚至可能出現意外的不期而遇。人與人因相逢產生的聯繫，就像山與山相連的姿態。

「Les Fleurs（兒時記憶之花）」是她在廣大的蓮花池畔興奮地四處奔馳，躺下來把臉埋起來，那充滿天真無邪溫暖柔軟的兒時記憶之花；「La mur（牆壁）」的顏色看似普通，反而隱藏著趣味，是她緬懷過往時光的作品。「平凡的早晨喝著咖啡望著公園的樹木，對面的古老民宅以前是夏天才開的冰淇淋店，只販賣一種很樸素的香草口味。現在生鏽的金屬、板子任其橫陳，就這樣關閉著，不同的顏色、材質就像不同的牆壁……這間古宅讓我想起過去孩子們排隊等待的熱鬧時光。」

中村雪在創作時就賦予這些圖案不同的故事。而這些插畫都是各種顏色、材質不同的紙張拼貼而成。由於店名的關係，小鳥的圖案或造型特別多，模樣甚是可愛。

3／小鳥可說是店內最主要的設計圖騰。4／插畫加上印刷，開發出各種不同的商品。5／二樓的家具展示風格溫馨。6／手帕、杯墊類織品是最受歡迎的品項之一。

petit à petit

🏠 京都府京都市中京区寺町通夷
　　川上ル藤木町 32
🕐 10：00 ～ 18：00
📞 075-746-5921
@ petit-a-petit.jp

　　一樓販售包包、文具等小物，二樓則有家具布置，小小的閣樓滿是溫馨，可愛得教人欣喜，我想臺灣人肯定很喜歡這樣的風格。奧田先生也點頭表示，店裡的確很多臺灣客人，加上一旁知名的茶店一保堂，造訪客人更是絡繹不絕。

　　陽光下，招牌的旗子在風中飄揚，上面的小鳥圖案也像展翅般，再度揚起翅膀尋覓下個目標。我也要再度往下個目標前進了。

| 大人的選物 |

07

大吉

在日常中體會骨董魅力

1／大吉除了販賣骨董，也兼營咖啡廳。使用的咖啡杯當然是骨董，希望讓大家從日常生活中開始接觸好器物。2／大吉的骨董以餐具、花器為主。

　　寺町通實在太好逛了，來到大吉時已接近 5 點，本想在這間頗受好評的骨董店喝杯咖啡，可惜已過營業時間，不過骨董店倒是仍然開著，索性就好好欣賞一下！

　　大吉前方有個木製長桌，位子雖然不多，但已足夠在此喝杯咖啡、與老闆閒聊。老闆杉本理只要一談起骨董便是滿滿熱情：「骨董一定要實際使用，才能感受到它的美感。」這是老闆的堅持。因此咖啡廳使用的器具也都是骨董，販賣的商品則以餐具、花器為主，希望讓大家從生活用品開始體會骨董之美。

從骨董開始培養的美學鑑賞力

　　骨董店的前身其實是杉本理的父親開設的日式割烹料理店，父親原本就喜歡收集器皿，還常把自己收集的伊萬里瓷器拿來盛裝菜餚，因此從很小他就開始接觸骨董，但當時還沒有太深刻的喜愛。

年輕時的他比較崇洋，喜歡西洋事物，也曾前往美國念書。直到某天和一位美國友人喝葡萄酒時，他拿出家裡寄來的江戶時期骨董日本酒杯，讓友人大為吃驚，才讓他意識到原來骨董是一件這麼了不起的東西。「一想到自己的國家竟然在 200 多年前就能做出這麼厲害的東西，實在很驕傲。」他從此一頭栽入骨董的世界。回到日本後，他先從父親熟悉的伊萬里燒開始蒐集，現在店內除了餐具、花器，還有不少骨董書以及用品。

3／店內的 CD 透露出老闆的興趣，年輕時杉本理很喜歡龐克音樂。4／杉本理從各地蒐集而來的骨董。

價格平實，打破對骨董的刻板印象

我對店中間擺放的許多木頭小盒子非常感興趣，杉本理表示，這些小盒子都是他從各地買來的，可以當作收藏骨董的小盒子，也可以純欣賞，盒子本身的花紋、繪圖就是美麗的藝術品。

杉本理也想打破一般人對骨董價格高昂的既定印象，店裡有不少東西只要幾千、甚至幾百日圓就可入手。他認為骨董會提升對美的鑑賞力，譬如當你開始使用骨董杯盛裝咖啡時，就會想該選擇什麼口味的咖啡豆，又可以搭配什麼甜點，餐桌上該擺放什麼裝飾等，如此一來美學的意識就會上升。

今夜我也要使用骨董小盤，盛裝一盤臺式小菜，搭配 D&Department 買回的餐墊，點上薰香，這樣的夜晚，總能想起京都的時光……

大吉
🏠 京都府京都市中京区寺町通二
條下ル 452
🕐 12：00～17：00；星期一休
📞 075-231-2446

5／木製小盒子可以拿來收藏骨董，盒子美麗的圖案與花紋，也宛如藝術品。6／使用這些美麗的骨董餐瓷時，也會開始思考該搭配什麼菜餚，餐桌又該有哪些裝飾，進而影響整體的美學意識。

5

6

lleno

自己獨享、充滿情感的筆記本

1／從外觀看 lleno 有著濃厚的學院風
格。2／lleno 販售手工筆記本。

就像紙本書，筆記本對很多人來說也是科技無可取代的，是一種感情與心情的記憶。摸著紙張的纖維，用筆寫下文字，日後再翻開來看時，當時的回憶也會一湧而上：「當時的我怎麼會寫下這樣的東西呢？」

屬於自己的筆記本

lleno 就是一家專門製造手工筆記本的小店，位於地下鐵「四条」不遠處，附近也有許多特色小店，離京都藝術中心也很近，頗具文藝氣息。磚牆建築上招牌海報從大樓上垂吊而下，海報上沾水筆的圖案有種來到英倫學院的氣氛。

店裡擺放許多特色筆記本，封面、紙張、圖案都可以任選，復古懷舊風、花朵圖案、古典風格，還能加入織品元素，也可以義大利老牌包裝紙「ROSSI」包裝，即使是同樣的圖案，也會因顏色或紙質不同呈現出不同感覺。在這裡還能選擇印上自己的名字，約需 2 ～ 3 週製作時間，價格不算特別貴，大概 1 ～ 3 千日幣左右。也可以直接挑選現成的設計成品或一筆箋。

3 ／也有一筆筆箋可選擇。4 ／父親留下的
筆記，讓神田樹希興起打造手工筆記本的
念頭，也是支撐他的最大支柱。

lleno

⌂ 京都府京都市中京区山伏山町
　536

🕐 12：00 ～ 19：00；星期三休

📞 075-221-4660

@ lleno.jp/index.html

透過書寫重拾情感

　　一本需要花較長時間手工製作的筆記本，在講究快速的時代，需求
的人應該不多吧，為何 lleno 還會誕生呢？創辦人神田樹希提到，很
早就獨立離家的他，和父親關係相當疏遠，直到 32 歲時他得了惡性
淋巴瘤，需要通知家屬，才通知父親來醫院。沒想到父親卻在他住院
期間突然腦內出血辭世。

　　1 年後他回到老家整理父親遺物時，發現有寫日記習慣的父親留下
好幾本筆記本。他讀著最後幾頁，父親寫到關於他生病的點點滴滴以
及問候時的心情，透過簡單的幾句話，讓他發現原以為關係疏遠的父
親其實很愛他。他更從手寫筆記中感受到書寫的魅力，讓他有了打造
手工筆記本的念頭。

　　無論是快樂或悲傷的想法，透過書寫也許比用講的更能傳達情緒。
手工筆記本的誕生，就在於希望讓人們藉著筆記本重拾情感傳遞的功
能。當我們在寫下的同時，那個時刻的回憶，也像被裱框般紀念下
來，等待日後再被翻開。

47

09

京都—烏丸

片山文三郎商店

一綑布道盡歲月寒暑

1／小巷子弄內的
片山文三郎商店，
外觀是京都常見的
木作老房子。

「哇～這一顆顆突出的東西是什麼？京都怎麼會有這麼前衛的東西，卻又是在一個老房子裡呢？」透過木頭格柵，傳統木屋內部隱約露出的鮮豔染織品，立刻吸引我的目光。

漫步於京都，就算是不知名的小巷中也常有意外收穫。在蛸藥師通一帶亂晃，目光突然被一棟木造老商店吸引。京都的老房子常可見到掛著代表商家字號的暖簾，這間店前掛的不是傳統暖簾，而是一條條帶有皺褶的彩布，隨著微風飄揚空中，多了點現代時尚感。旁邊掛著乍看類似前陣子很受歡迎的刺蝟背包，其實是圍巾類配飾。它的不傳統與叛逆個性立刻吸引我的目光，想要進入內部探奇一番。

不打安全牌，創造個性百年品牌

一推開拉門走進裡面，除了各式刺蝟狀圍巾、包巾等裝飾品，連吊燈都是相同樣式。女店長見我看得入迷，立刻上前親切解釋，「像這種大的可以當圍巾或衣服的裝飾，小的則是髮帶、戒指、耳環等裝飾品。」

49

2／第四代傳人片山一
也（右）與女店長。

　　如此充滿個性的小物，讓我忍不住想更深入一探究竟，表明身分
後，女店長很有禮貌的表示需要詢問一下，讓我在此稍微等待。畢竟
日本人對採訪的要求十分嚴格，若沒有事先申請，被拒絕的可能性頗
高，若能順利採訪，就當是旅途中的意外驚喜吧。

　　等待的同時我再度環視店內，和日本傳統樸素的風格比較起來，這
裡明顯花俏許多，雖不到蜷川實花那般繽紛燦爛的大花，也是以鮮豔
純色系或混色染織品為主。還沒來得及思考太久，一位年紀看起來十
分年輕，卻有幾分大將之風的男子推開拉門走出，原來是該店的第四
代傳人──片山一也。

受國際歡迎的傳統設計

　　片山一也先生熱情地幫我一一介紹店內商品，「這邊的商品是可以
裝飾在服裝或包包上的，」接著又指著顏色鮮豔的圍巾類商品。「這
邊的商品很受到海外客人歡迎。」

　　我好奇詢問：「這麼鮮豔的顏色，好像和日本人平常喜好的樸素風
格略有不同？」

3／較為樸素的色彩比較受日本人青睞。4／鮮豔的色彩則是歐美人士的取向。

　　沒想到他苦笑表示：「的確如此，日本人喜歡樸素的東西，而且不太喜歡惹人注目，但我們有很多外國客人，歐美、臺灣的客人都有，所以反倒是海外的接受度較高。」正因如此，片山文三郎商店在海外市場頗有知名度。紐約近代美術館 MOMA 的商品型錄曾介紹過他們的作品，西班牙普拉多美術館也能買到，還參與過現代裝置藝術的展覽活動等，可謂相當多元。

　　如何符合本國日本人民的口味，也是片山文三郎商店目前亟欲突破之處，所以除了原本個性鮮明的風格，也開發許多造型、顏色較為素雅的包包、服裝，以期符合日本客人的喜好。

可穿戴的時尚絞染藝術

　　其實，一路以來片山文三郎商店也曾幾經轉變順應時代。第一代創辦人片山文三郎在 1915 年開始立基，至今已有百年歷史。當時專門製造以「京鹿之子絞（京鹿の子絞り）」花紋為主的高級吳服，這是一種京都傳統染織技術，染完後的花紋有點像小鹿身上的斑點，且呈現一粒粒凸起狀，因此稱作「鹿之子」。當時的吳服沒有太多裝飾花紋，就靠著這一顆顆凸起的花紋，呈現低調且高雅的變化。

第二代片山文雄接手後，則將藍染技術運用到玻璃容器上，「藍夢」一作更曾得到「MADE IN KYOTO」最佳設計大獎。傳承到第三代，也就是現任社長片山一雄手上時，更把家傳染織技術擴展到家具、服飾上，以「革新中帶有傳統」為主軸，一方面守護傳統吳服，一方面把染織技術發揮到極致，將其運用到現代人的生活上。因此在店內，可看到這些十分大膽、結合藝術與時尚的絞染作品，片山文三郎商店稱其為「可穿戴的藝術」，創造出自己的染織世界。

經年累月的洗練技術

也許正因不拘泥傳統，片山一也索性邀請我參觀二樓的倉庫與工作室、也是客人試衣與鑑賞的地方，裡面放置了許多還未加工的布品與吳服，他拿出一個由無數個小凸起組成的布匹讓我細看它的花紋。這種花紋叫作「本疋田絞」，製作時需要把布用線纏繞起來，經過反覆染色再解開，十分費工，小凸起越多越密，也代表工法越細。若是純手工製作，一綑大約要花上 1 年半的時間，售價自然也不便宜，一綑價格約日幣 300 ～ 500 萬元。目前還在做此項手工技術的京都傳統

5／片山一也向我展示的作品是兩片玻璃中夾了藍染的設計。第二代傳人片山文雄曾以類似的作品〈藍夢〉，得到「MADE IN KYOTO」最佳設計大獎。6／在第三代當家的推廣下，老品牌甚至拓展到家具、服裝上。

片山文三郎商店 本店

🏠 京都府京都市中京区蛸薬師通り烏丸西入ル橋弁慶町 221

🕐 一～五 10：00 ～ 18：30， 六、日 10：00 ～ 18：00；無休

📞 075-221-2666

@ bunzaburo.com

7 ／二樓放置了尚未加工的染織品以及吳服。

8 ／手工製作的「本疋田絞」大約要花上 1 年半才能完成。

9 ／看似樸素的絞染卻有無限變化，這也是片山一也設計的樂趣。

職人已經非常稀少，所以店內大部分商品均由機器製作，但某些吳服或是特別的商品仍採用此傳統技法。

片山一也目前主要擔任設計工作，如何有效拓展市場，設計出受到認可的商品，成了他最大的挑戰。別以為這些絞染只不過是把布纏繞起來染色再解開，經由不同的設計、布料等，所呈現出的風格可說是千變萬化。對於下個百年，我想片山一也早已在心中畫出遠大藍圖。

一綑綑布料，默默等待被加工使用的時機，是職人耐住性子用雙手綑紮、染色、再釋放才得來不易的結晶，沒有一年半載是無法完成的。片山文三郎商店默默守護的不只是日本傳統工藝，更是對匠心的執著與肯定。我想所有迷戀京都工藝的人愛上的都是這份執著與堅持，才會持續不斷地造訪京都吧！

10

京都—烏丸

千總

走訪和服的美麗與奢華

54

1／可愛的便條紙、金平糖，價格平易近人。
2／千總就位於知名茶店伊右衛門沙龍旁。

「實在好愛這種印著彩色花紋模樣的小物。」我在心裡發出驚呼。每次看到豐富繽紛的彩色花紋，總讓我招架不住。原本只是來伊右衛門沙龍喝茶，視線卻先被擺在櫃檯旁的一個小展示櫃吸引。首先抓住我目光的是金平糖的外盒包裝，紅、黃印染花紋配色大膽卻不俗豔，光看盒子就有想買的衝動。金平糖就是有著星星形狀的小糖果，是日本常見的傳統零食，因為外型像星星，我喜歡稱它為星星糖。

一旁的便條紙也很迷人。便條紙外觀是和服形狀，封面以各種花卉為主，襯上粉嫩色彩，彷彿是一件迷你和服。想像自己用這個便條紙書寫留言，收到便條紙的人開心的模樣，更讓我對這家店感到好奇。

和服老店新氣象

原來，這裡是京都友禪和服老店「千總」的直營店，除了販賣絲巾飾品與雜貨的 SOHYA TAS，還有一間小藝廊，就位於京都知名茶店伊右衛門沙龍二樓。樓下是總店所在，以及其所經營的和服沙龍品牌「總屋」。

這一帶本來就是千總的大本營，千總雖真正創立於 1937 年，由 13

代西村總左衛門擔任初代社長，但歷史可溯及 1555 年時的初代千切屋與三右衛門時期。當時千切屋在京都三条室町經營法衣裝束，直到江戶時代聲勢浩大，這一帶無論本家與分家都是商號眾多，十分熱鬧。

許多吳服店也在此經營，整區更被稱為「衣棚」。如西村家原本是千切屋友禪染的工房，自己獨立後，反成京友禪代表之一。雖然現在此區留下來的吳服店已屈指可數，但「千總」店面所在的這條街仍留有「衣棚通」的稱號，可從中一窺過往歷史。

和服界的「愛馬仕」

二樓的藝廊展示著千總收藏的染織品，更彰顯千總在京友禪的地位與價值。目前千總光是圖騰花樣就收藏了 200 種以上，無論背景、質感、講究程度，與世界品牌愛馬仕相比都毫不遜色，當然價格上也相當貴婦風。而外面店舖空間不大，手染絲巾一條條整齊排列像似畫作，其春天的色彩更宛如進入莫內花園般繽紛，就連吊掛器具都顯得十分有型。圍巾上一筆一畫、或繪或染的技法，靈感都自於千總 460 年的流轉歲月。

除了貴婦級商品，也有一些較易入手的雜貨商品，如在樓下看見的便條紙、金平糖、和紙屏風等都是很美好的伴手禮，也讓我帶回屬於我的京都名媛風小資版收藏。

千總

⌂ 京都府京都市中京区三条烏丸西入
　御倉町 80 番地（千總ビル 2F）
🕐 9：30 ～ 18：00
📞 075-221-3133
@ www.chiso.co.jp

11

Lisn

打開五感的香氣密碼

　　位於京都烏丸御池地鐵站附近的 COCON KARASUMA，是一棟頗具品味的百貨公司，裡面進駐許多京都知名工藝老店及時尚品牌，幾年前經當紅建築師隈研吾改裝後，嶄新的時尚模樣更引人駐足。

　　一樓後方的 Lisn，外觀簡潔無瑕，透明玻璃營造出剔透氛圍，招牌字樣更秀氣得只占據一方小小空間，低調且高雅。店內空間乍看之下以為是藝廊，流線型展示櫃上是一罐罐鮮豔的色彩，這不是顏料、不是彩妝，而是傳統的線香。Lisn 彷彿線香界的植村秀，開架陳列、五彩繽紛，可自在遊走於香氣繚繞間。

薰香老舖的時尚新品牌

　　自古以來，香道在日本就頗受重視，與茶道、花道並列為「三道」，是日本三種傳統藝能之一。薰香在日本的發展早期來自於中國和印度，隨佛教一起傳入，主要用在宗教儀式或重要祭典，平安時代才漸漸出現於生活中，甚至發展出聞香遊戲。展現平安風華的《源氏物語》中，就曾描繪當時盛行的聞香遊戲。玩法是以 5 種香為底做變化，考驗玩者對香味敏銳度，共有 52 種不同變化，因此衍生出 52 組「源氏香」圖案，能一窺當時貴族的風雅文化。

2-3／形狀各異的小香包,讓玩香更添樂趣。4／不只薰香產品誘人,連點香的托盤與瓶子等設計也讓人十分想收藏。5／每一根薰香上都有自己的名字與編號。

Lisn 是擁有 300 年歷史的京都老舖香行「松榮堂」的新品牌,希望開發年輕客群。香氣鑑賞是用「聞」的,其日文發音類似「Listen」,Lisn 命名就來自於此。

為了打破老店的傳統印象,Lisn 特別找來設計師野井成正,以薰香繚繞的煙氣為靈感,將展示檯設計成弧線形,頓時讓空間躍升為時尚舞臺。在玻璃罐子的盛裝下,線香毫無保留地展現各自魅力,從顏色到香氣都是評比選項,可任君喜好自行挑選。

迷人香氣各有編碼命名

商品開發也頗具巧思,每根線香都是 7 公分長,約 15 分鐘可點完,符合年輕人善變的心思,短短 15 分鐘就能打開你的嗅覺感官,體驗芳香世界的奧妙。Lisn 最大的不同在於可單根挑選,亦有販售一組 10 根包裝,或配合季節與話題主打的品項。

仔細觀察,發現每根線香都有自己的名字與編號;帶著淡淡花香的 FLORAL;傳統香木、香氣沉穩的 CLASSICAL;充滿自然森林系感覺的 GREEN 等,不同個性可搭配不同場域,除了取自傳統的香木,

6／和陶藝家三笘修合作的「SMOKE TONE」系列，薰香盤也十分講究。7／春櫻系列薰香，粉紅色系搭配櫻花花瓣裝飾，相當浪漫。

Lisn

⌂ 京都府京都市下京区烏丸四条下ル
COCON KARASUMA

🕐 11：00 ～ 20：00；不定休

📞 075-353-6466

@ www.lisn.co.jp/kyoto

也加入時下流行的香水。店內一般至少放置 150 種不同品項，還不斷開發新商品，光看都眼花撩亂。

近來則主打與出身大分縣的陶藝家三笘修合作「SMOKE TONE」系列，以 5 種陶器的質感與香氣為靈感，香味樸素具有意境，還有特製陶器薰香器皿。第 1 彈以「紅＋樹＋陽」為印象，展現春櫻溫暖，第 2 彈再推出「爽＋雲＋翠」，把初夏薰風的季節感用香氣呈現，都深受好評。

由於造訪時正是櫻花季節，我特別挑選了適合此節令點燃的線香當作紀念。旅程結束後，某天我點燃從 Lisn 帶回的線香，搭配風格清新的心靈音樂，在 15 分鐘的短暫時光內，彷彿再度回到春櫻時節，在京都櫻花樹下漫步的時光。

薰香編號就像打開五感的通關密碼，用 15 分鐘的時間，藉由香氣引導，讓日常與京都的某個時光串聯，回憶起旅行中的美好片刻。

12

開化堂

手工封住茶香的堅持

1／開化堂外觀潔白整潔，相當舒服。

京都百年工藝老店若要比歷史，個個都有來頭。由於茶文化發達，伴隨品茶而來的各式道具也孕育而生。其中擔當保存茶葉香氣重任的筒子，開化堂肯定是許多選物達人的私房推薦。

說起我與開化堂的緣分，要回溯到三年前。當時還在媒體工作的我，在第六代傳人八木隆裕來臺宣傳時，有機會與他訪談，也讓我想更加了解這個傳承百年以上的老品牌，究竟是如何將百年工藝代代相傳，還持續受消費者肯定。於是這回來到京都，決定前往本店一探究竟。

開化堂本店位於下京住宅區的巷子裡，小小的店面不是十分起眼，若不是外牆有一條小展示窗擺放了一些招牌茶筒，很容易就會忽略它的存在。就連店面入口都相當隱密。打開拉門入內後，尚無法一觀店內全貌，一堵牆面遮住了視野，需要先通過小廊道才能進入店面。

第六代傳人八木隆裕這次剛好前往米蘭家具展而無緣相見，但留守的第五代老闆娘八木和子非常熱絡地幫我介紹，還派職人帶我參觀後方的製作工廠。

千錘百鍊的深度內涵

　　創立於明治 8 年的開化堂，每一個茶筒均由手工打造，是一個強調職人手作精神的產品，由於相當費工，規模自然大不起來，說是製作工廠，總共作業人員也不到 10 人。有人負責彎曲金屬、有人負責敲打定型、有人負責調整，各自有負責的分工項目。職人表示，最初的工作便是學習切割金屬，別以為很簡單，金屬材質堅硬又有一定厚度，一不小心切歪了，整片金屬就報廢，是相當費神費力的工作，對女生來說更是吃力。開一個茶筒需要經過 130 多道手續，一個人一天頂多製作 10 個。

2／敲打工具。3／第一個步驟：金屬切割就相當費工。4／師傅正在彎曲茶筒、調整形狀。5／敲打可讓金屬不那麼銳利，以免使用時受傷。

6／熱心介紹的職人與老闆娘八木和子女士（左）。

金屬裁切後，就開始進行彎曲、固定、加底、敲打、調整等工法，為了避免使用者受傷，內部銳利的金屬更需要敲打使之圓滑。職人也告訴我，製作過程中最困難的部分在於蓋子與瓶子的密合度。當蓋上茶筒蓋子時可以發現，並不需要用很大的力氣，只要輕輕往下推，蓋子就會慢慢順勢往下密合起來，類似氣密窗的概念。如何讓瓶身與蓋子寬度對得剛剛好，且上下要均勻，十分不好拿捏。一個學員要學習到能獨當一面，至少需要耗費 10 年的時間磨練。

目前開化堂的茶筒材質共有銅、黃銅、白鐵三種，經過千錘百鍊捶打敲出的手工茶筒，摸起來充滿溫潤質感，隨著使用的頻繁，金屬就會從原本閃亮的色澤漸漸轉為暗沉，最後則是溫潤的金屬色澤，越用越耐用，顏色也越來越耐看。

足以成為傳家之寶的驕傲

以前日本的茶筒大多以陶器製成，價格高又笨重，後來從英國進口白鐵後，開化堂開始用其打造較輕且容易保存的茶筒，自此成為日本手工茶筒的濫觴，至今有 140 多年歷史。日本家家戶戶都以能有一個開化堂製作的手工茶筒為傲，甚至常被當成傳家之寶。由於提供維修服務，常見到帶著傳家寶前來維修的年輕人。這種景況每每都讓他們格外警惕自己，一定要替使用者打造出足以傳家的茶筒。

｜大人的選物｜

八木隆裕曾說：「當茶變得容易取得後，想坐下來好好泡一壺茶的人反而變少了。我們的東西一向被認為高不可攀，但其實很耐用，可以用上百年，這樣來看就一點也不貴了。我想要改變大家的觀念，也希望實際看看大家在日常生活中使用這些商品的感覺，每次看到有孫子、孫女拿著我們的東西過來時，就會覺得再怎麼辛苦都是值得的。」正因如此，年輕時在免稅店工作的八木隆裕才會改變想法，決定繼承家業。

現在開化堂的茶筒已經不只用來裝茶，也是收藏香料、咖啡等最好的容器，英文很好的八木隆裕這幾年積極尋求拓展海外市場，先前就與日本設計生活情報誌《Casa BRUTUS》、愛馬仕等歐洲精品合作推出限量品，展現出強烈企圖心。

在這個講究快速、大量生產的年代，開化堂以手工製作的精品茶具，再度讓我體會京都對慢活美學的堅持。

開化堂

🏠 京都府京都市下京区河原
　　町六条東入

🕘 9：00 ～ 18：00；假日、
　　每月第 2 個星期一休

📞 075-351-5788

@ www.kaikado.jp

7 ／茶筒主要有三種材質，分別是銅、黃銅、白鐵。8 ／舀茶的茶勺，還可在上面刻上名字。9 ／店內也有裝茶與收藏的小袋子。10 ／與日本設計生活情報誌《Casa BRUTUS》合作的商品。

13

D&DEPARTMENT KYOTO

最好的設計，沒有使用期限

已經在日本許多地方開設分店、造成熱潮的 D&DEPARTMENT，在京都下京分店開幕時，仍讓許多熱愛 D&DEPARTMENT 的粉絲爭相走告。不為什麼，光是在本山佛光寺境內開設，如此符合京都傳統印象的地點，就讓人頗為心動。加上與京都造形藝術大學合作，不僅創辦人長岡賢明講究的「永續設計」再度被印證，更加入年輕學子的想法，充滿傳承的意義。

經得起時間考驗的好設計

說起 D&DEPARTMENT，其實一開始身為平面設計師的長岡賢明，覺得許多商品因退了流行，就被大家任意丟棄，不僅十分可惜還製造很多垃圾。他深深覺得設計師應該要有使命感，不該任意製造垃圾設計，於是他認為經得起時間考驗的「永續設計」是非常必要的。

他先從販賣二手好設計用品開始，因為深受民眾歡迎，便展開了以「D&DEPARTMENT PROJECT」為理念的商店企畫，從商品、展覽到餐廳應有盡有，例如 80 年歷史的山田製油的麻油、知名的柳宗理餐具、森正洋的陶瓷器皿、高橋工藝的木製品、釜淺商店的鐵製烹調器具、天童木工的家具，還有各種食材、醬料等。

1／來自於北海道高橋工藝的木製餐具以蛋殼為發想，十分輕巧。2／木曾飯桶使用長野縣的櫻樹製成，能讓米飯保持濕潤。

3／下京店有許多來自京都的嚴選好設計，塑膠木屐就是京都製鞋老店「祇園ない藤」的新商品「JOJO」。
4／一旁的藝廊不定期舉辦各種企畫展。

D&DEPARTMENT

⌂ 京都府京都市下京区高倉
通仏光寺下ル新開町 397

🕐 10：00 ～ 18：00； 星期三休

📞 075-343-3217

@ www.d-department.
com/jp/shop/kyoto

與在地情感結合

　　長岡賢明更在所寫的《D&DEPARTMENT 開店術：開間傳遞想法的二手商店》提到，下京分店是第 10 間店，除了永續設計商品、京都傳統工藝品、生活設計也占了大部分。例如特別陳列的京都製鞋老店「祇園ない藤」的新商品「JOJO」，即是以塑膠製成的木屐，尤其夾腳部位材質柔軟，穿起來特別舒適。除此之外，D&DEPARTMENT 也在遊客很愛去的京都各個跳蚤市場挖掘了許多好東西。

　　京都造型藝術大學的學生也常在此舉辦展覽。我前往時剛好在舉行京都商店的二手用品展，經過 D&DEPARTMENT 的挑選，包括形、色、新提案等 7 項原則，展出表面上不見得來自京都，卻和京都生活息息相關的用品。

　　這裡販賣商品的空間雖然不大，但因為在佛光寺境內，加上木造老屋，跟 D&DEPARTMENT 講究的時代感、經典精神相吻合，逛起來十分有味道。造訪當時，佛光寺前的粉紅枝垂櫻以及門口一株粉白櫻花正處於吹雪階段，隨風飛揚的片片花瓣惹人心動，也讓從食堂望出去的窗景更為動人。

｜大人的選物｜

14

金網辻

手舀豆腐也能姿態優雅

1／金網器皿也成為店內的搶眼裝潢。2／豆腐勺是金網辻最初的原點。

日本人真是很會發明「器具」的民族，每件東西都有能搭配的器具。例如裝香蕉有裝香蕉的容器，切蘋果有切蘋果的工具，雖然未必和好用、實用能畫上等號，但有些器具就算光為美感，也似乎有誕生的必要。豆腐勺，正是其一。

配角的品格深具魅力

在神社佛閣眾多的京都，精進料理（素食）中扮演重要角色的豆腐料理，稱得上京料理中的美食代表之一，南禪寺一帶更誕生多間湯豆腐料理名店。為了讓吃豆腐也符合京都優雅美學，自然要幫舀豆腐的勺子做個專門器具。

以製作豆腐勺子出名的金網辻約於 40 年前創立。承襲祖傳編織技法，運用銅等金屬手工編織，從內而外靠著大小不一的網格排列，有著彷若纏繞畫般美感，中間還有菊花紋路，作工細膩、造型精巧，真是美到捨不得使用它，更別說若拿它舀起豆腐時的姿態，起手姿勢都散發出一種優雅——這就是京都之美，京都人對生活的講究姿態。

不是必需品仍珍貴美好

我與金網辻的相逢也是在臺灣採訪時結緣，來到京都，自然也要造訪。高台寺店面不大，招牌是用金網編織，像藝廊般充滿美感。除了豆腐勺，還有濾茶網、佛教慶典使用的碗盤、燈罩、托盤、籃子、芝

3／盛裝茶包用的網子。4／金網辻的產品,也能成為美麗的藝術品。5／不同樣式的勺子,各有其功用。

金網辻（金網つじ）

🏠 京都府京都市東山区高台寺
　　枡屋町 365-5
🕐 10：00 ～ 18：00；無休
📞 075-551-5500
@ www.kanaamitsuji.net

麻與銀杏籽烘培等器具,甚至接受客製化金網製作,種類相當多元。

　金網辻販售多種小且非生活必需品的東西,仍能打出名號,成為許多生活品味家極力推薦的名品,第二代傳人辻徹曾表示:「我們所製作的東西並不是什麼了不起的重要主角,但當客人在日常生活中使用時,便產生了它的意義,因為配角也要有配角的品格。」

　的確,豆腐勺實用性確實不高,但在光線映照下,舀豆腐時勺子上的菊花紋路,被漂亮地投射在牆壁、桌面上,連陰影之美都考慮進去的細緻心思,大概也只有京都人能做到。用這麼美的豆腐勺舀出的豆腐,似乎也變得更美味了。

| 15 |

PASS THE BATON

為它找到下一個美好停泊

| 大人的選物 |

1／店門暖簾印著招牌圖案，希望每樣東西都能找到有緣人。2／隨性的櫥窗設計，層次豐富。

每到櫻花季，總是必來祇園白川逛逛。粉紅色櫻花與綠色柳樹隨風飄揚，沿著白川，一間間的老屋餐廳，白天景象已經十分迷人，夜晚點燈後又更添嫵媚。

創造老東西的新價值

2015 年，這裡又誕生一間話題小店 PASS THE BATON，這是該品牌繼東京丸之內、表參道後的第三間分店，一開幕立刻吸引媒體爭相報導。

PASS THE BATON 把白川旁 120 年歷史的老房子改建成店面，穿過橋，門口的暖簾上印著 PASS THE BATON 的代表圖案：兩個人傳遞著某項物品，正是店家的「NEW RECYCLE」概念，代表這裡販賣的商品是有故事的，每樣東西都曾是某個人珍愛之物，只是現在用不到了，又捨不得丟掉，希望能轉給珍惜的有緣人。說白了點，也就是充滿故事的骨董販賣店，只是店家不但讓買的人知道之前的主人與物品間的關係，更想傳達「創造新價值」的理念。

複合空間滿足各種需求

　　店內骨董以飾品、餐具、服飾居多，主要客群為女性，有許多質感細緻的二手精品，也有京都傳統工藝如西陣織、筷子、陶瓷器等，在在給人華麗高貴的印象，開在祇園白川可說是再適合不過了。

　　一樓還附設咖啡廳「お茶 と酒 　たすき」，畢竟餐飲是母公司「Smiles:」旗下很重要的一環，除了酒吧，剉冰也是招牌之一。咖啡廳內大部分使用的餐瓷，都可在店內買到。

3／附設咖啡廳可欣賞白川。
4／一樓販賣餐具等小物。

74

5／二樓掛著許多美麗和服，需脫鞋才能進入，有點像來到沙龍。6／這裡也有展示美麗高級的首飾。7／店內整體裝潢由知名設計師片山正通操刀，低調華麗。

　　二樓則有點像沙龍，需脫鞋才能進入，裡面展示著高級珠寶及和服。中間吊掛著許多寫著店名的燈籠，老房子與燈籠的搭配非常對味，裝潢設計其實和東京的店面一樣，都出自名設計師片山正通之手，充滿奢華復古風。

　　雖然無法當貴婦，但感染一下貴婦氣息，乘著夜色在妖艷美麗的白川步道漫步，也陶然自得。

PASS THE BATON 京都祇園店

🏠 京都府京都市東山区末吉町 77-6

🕐 11：00 ～ 20：00；無休

📞 075-708-3668

@ www.smiles.co.jp

16

奈良

遊中川

精巧又可愛的麻織藝術

| 大人的選物 |

1／店名 LOGO 當然也有小鹿
蹤影。2／店內裝潢處處可見
奈良小鹿。3／小鹿裝飾品。

奈良小鹿的奇蹟

　　比起京都，奈良真的安靜許多，即便是最熱鬧的奈良車站商店街，
也不像走在京都東山區或祇園那般人潮洶湧。此次造訪奈良，最想一
探究竟的莫過於日雜知名品牌──遊中川了。熟悉日本雜貨的人應該
都對「中川政七商店」不陌生。這間從奈良創立的老品牌300年前以
「奈良晒」起家，藏身於距離近鐵奈良站不遠的路地裏（日文「小巷
弄」之意）。遊中川雖是老店，店面卻很新，前幾年才重新裝潢過，
是旗下相當重要的一個品牌。

　　儘管如此，店面仍採日本傳統町家建築，外面深色木頭格柵讓店面
看起來更具味道，金色招牌字樣與小鹿圖案點綴得相當可愛。奈良實
在是一個充滿小鹿的城市，除了奈良公園一帶的小鹿本尊，商家商
號、裝飾小物、伴手禮更是無處不在，遊中川的 LOGO 設計也是如
此，因為只要放上小鹿，就代表著奈良出品的身分證明。

4／服裝上的花紋設計，也可窺見傳統之美。5／生活小物空間展示。
2016夏天還推出「HOUSE HOTEL PROJECT」三個月的住宿計畫，
將老町家變為民宿，裡面使用各式「中川政七商店」產品。6／花
色豐富的花布，可裁剪你需要的大小直接帶回家。

三百年歷史手織品

日雜商品——尤其是織品——之所以如此吸引我，在於它們充滿天
分的配色品味，即使是容易俗氣的純色系，或較傳統質樸的色彩，經
過混搭與單用，都能因調色的些微變化，引出不同美感。

1716 年創業的中川政七商店，初代中屋喜兵衛就是專作手織、手
紡的「奈良晒」。「奈良晒」是一種高級麻織品，起源於鎌倉時代南
都寺院和尚所使用的袈裟，17 世紀後半到 18 世紀前半時期更是達到
高峰，就連茶聖千利休熱愛的茶巾也是使用奈良晒製作。

伴隨其他地方的生產增加、最大客源武士階級在明治維新後消失，
以及手工化的高人事成本等，讓「奈良晒」產業進入衰退期。因此中
川政七商店開始開發新商品，布巾、手巾、茶巾等產品陸續出爐，
1985 年再推出自家品牌「遊中川」。

現在中川政七商店早已是日雜品牌中的佼佼者，近年更積極拓展品牌與加速擴展分店計畫。2008 年表參道之丘的分店，就是品牌成功走出奈良，來到一級城市激戰區，和日本各地品牌與國際品牌一較高下的重要一步。

目前，中川政七商店旗下品牌眾多，除了「遊中川」，還有主攻日本土產的「日本市」；以日本傳統素材製作生活雜貨、食品等商品的「粹更 kisara」；生產襪子的「2&9」；手帕品牌「motto」等，店面還擴及到茶房、傳統町家限時住宿計畫等，經營範圍越來越擴大，海外知名度也相當高。

難以抗拒的限定誘惑

遊中川的商品以麻織品為主，空間規畫不走寂靜清和的禪意路線，反被可愛色彩包圍。日本人愛用限定商品來擄獲人心，遊中川的限定商品分成「奈良限定」、「三百周年限定」。

7／2016 年正逢品牌三百周年，因此復刻了 1925 年巴黎萬國博覽會時展出的手巾。8／三百周年紀念商品。

｜遊中川｜

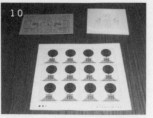

9／蚊帳材質的花布巾是最暢銷的商品，還榮獲「Good Design」金賞。
10／印有品牌 LOGO 的貼紙，可愛又精美。

遊中川　本店

🏠 奈良県奈良市元林院町 31-1
🕐 10：00 ～ 18：30；無休
📞 0742-22-1322
@ www.yu-nakagawa.co.jp/p/honten

「奈良限定」商品加入奈良公園有名的小鹿、知名觀光景點等特色；「三百周年限定」商品則重現 1925 年巴黎萬國博覽會時展出的手帕復刻版，使用細緻麻線紡織，更有「菊流水文」、「唐草文」、「鳥草木文」三款圖案，傳統工藝之美經歷時代變遷更為鮮活。其他還包括花布巾、小鹿玩具、襪子、包包、植物、糖果等商品。

店長最推薦的伴手禮當屬最暢銷產品——布巾（ふきん），這是以蚊帳材質製成，吸水性很強且越洗越柔軟，洗淨力強，亦可當作廚房、餐桌裝飾。這款布巾也得到「Good Design」金賞等獎項。若想當作居家裝飾，櫃檯後方各式顏色與花紋的布可自由挑選、剪裁尺寸。

最後我買了幾條限定版花布巾打算當成伴手禮。他們的禮品包裝也精緻得令人印象深刻，光是包裝紙就有兩三款顏色，還能任選主要三個品牌的貼紙，再套上一個印有線條紋路的透明袋子。

商店大門的玻璃花紋正與透明袋子上的圖案相同，細節裝飾非常有整體性，光為了包裝，都讓人覺得買得值得。而代表品牌原點的麻織品，似乎也反應出奈良的個性，有自己的堅持，卻又純樸美好。

17

奈良

胡桃之木 Cage

都市森林裡的祕密花園

1／可愛的森林小屋，前面 Cage 賣雜貨，後方則是咖啡店。2／鄉村風格怎麼能不來點音樂陪伴呢！3／店內有很多餐具類的商品。4／動物造型雜貨非常符合胡桃之木的氣氛。

Cage 坐落於奈良郊區，是胡桃之木咖啡店旁的雜貨小店。胡桃之木是奈良非常知名的咖啡店，常常大排長龍，趁著排隊空檔，把握時間先到旁邊的雜貨店 Cage 逛逛。

來自「胡桃之木」的審美眼光

不愧是鄉村風雜貨店，靠牆的架子大多漆成白色，中間則放置幾張木頭桌椅，商品琳琅滿目。襯著鄉村風的花布，桌上的小東西顯得格外可愛迷人，一切看起來美好又夢幻，把女生最愛的全用上了。

生活風格與選物小店是近來日本很流行的店舖風格，從餐具、家具、食材、飾品等全都包含，大多講究手作或強調產地履歷、非大量生產的小物居多，也是展現店主挑選功力的地方。

Cage 因為就在胡桃之木咖啡店旁，販賣商品也以餐具、食物為主。

果醬類就是胡桃之木自製的暢銷商品，有木莓、奇異果、香蕉等口味。製作講究新鮮，不加防腐劑、化學添加物，更減少糖分，盡量利用水果本身的甜味。

另外還有來自青森樹香園的葡萄汁，使用日本山陰地方玄米製作的甜酒等，胡桃之木創辦人石村由起子不僅很懂生活、充滿品味，也強調以胡桃之木的審美眼光為大家挑選商品，希望這些小物都能成為大家「真正成為愛用的東西」。

胡桃之木 Cage（くるみの木 Cage）
⌂ 奈良県奈良市法蓮町 567-1
🕐 11：00 ～ 17：30；五 ～ 日、 假 日 到 19：00；無休
📞 0742-20-1480
@ www.kuruminoki.co.jp/ichijyo

5／店內嚴選的各地好食材。

一個一個的書架間，嗅得到主人的理念，
這裡有書、有雜貨、有展覽，有溫度。
小小的書店，等你來品嘗關於夢想的咖啡香氣，
書頁間流出的精采故事，更是説也説不完。

二、特色書店漫遊，
字裡行間的關西

| 01 |

惠文社

邂逅全世界最美的書店

86

1／大窗戶讓陽光
能夠透進來，陳設
有如回到自家書房
般自在。

　　京都東北部的左京區是京都著名的文教區，包括京都造形藝術大
學、京都藝術設計專門學校、京都大學、京都府立洛北高等學校都位
於此區，和京都其他觀光區比起來較為清淨，更充滿濃厚文藝氣氛。

　　從京都造形藝術大學一直往北走，來到一乘寺一帶，「全世界最美
書店」之一──惠文社一乘寺店就在此落座。自從被封為全球最美書
店之一後，惠文社就已經跳脫書店的層次，躍升為當地景點了。

文教區內的藝文核心

　　抵達叡山電鐵一乘寺站，已可看見惠文社的招牌，可愛的插畫風格
有種淡淡的隨興味。招牌上寫著三分鐘就能到達，不禁對這小小的距
離感到無比雀躍。

　　位於公寓一樓的惠文社，牆面是用紅磚砌成，牆上掛了許多盆栽，
像是來到歐洲小鎮的民房，店門口停放許多腳踏車，再加上幾張椅
子，氣氛悠閒自在。木頭招牌上其實沒有惠文社三個大字，取而代之
的是日文平假名「けいぶんしゃ」。入口不只一個，看起來像是三個
店面，我從中間店面進去，正好是書店所在區域。

舊舊的書櫃有一種魅力，讓人更願意伸手去拿架上的書，書櫃大小也不一，角落處的骨董櫃上、壁爐上都隨意放置著書、雜貨與裝飾小物，就像我們會隨手把書往家中的家具上一放，充滿居家感。書的擺放雖然是一區區的，彼此又像沒有太多界線般，互相維持某種延伸關係。客人們都一派悠閒，各自占據一方，以安靜的步調讀書選書，彼此互不干擾。

門口附近的大開窗是最迷人的一區，多了點陽光射進來的溫暖感，陳列在書桌上的筆記本、書籍，更像回到家中書房般令人安心，也讓好奇的小孩可以趴在一旁觀看。

不只有書，這裡有生活

惠文社最大的魅力除了書店，還有生活館、Amfaire（アンフェール）藝廊、多功能主題空間 COTTAGE 的設計。書店右邊的空間是生活館，販賣以食衣住為主題的書籍與雜貨，也有不定期的主題陳列。譬如介紹美食的書籍旁邊就放著可愛的餐墊、餐具，更讓人升起想購買的慾望。

2／生活館有以食衣住為主題的書籍與雜貨。3／各式各樣的信紙與筆記紙，樣式復古。

4／生活館前悠閒一隅，坐在這讀
書一定很舒服。5／COTTAGE 經
常舉辦各種活動。6／充滿互動的
展覽空間。

往後方與左邊走，則有藝廊與舉辦各種活動的 COTTAGE，在惠文
社主導下，這裡常常出租給外面使用或舉辦活動。我造訪時剛好碰上
京都藝術設計專門學校所舉辦的「瞬間展」，讓惠文社洋溢著在逛校
園展覽會的青春氣氛。

不跟潮流的風格選書

曾讀過惠文社出版的《從書店窗口看京都》，當時心中已經對這個
夢幻書店有著初淺的認識。惠文社最大的特色，在於不追求把最好的
位置留給市面上常見的新書、暢銷書，而是挖掘一些鮮為人知的好
書，例如日本科幻小說家星新一的《靴轆的另一則》就是這裡很受歡
迎的小說；美國藝術家柯莉塔·肯特的詩畫集，也因為被惠文社選中、
呈現於平臺上，成為該店受歡迎的長銷書籍，甚至引起同行跟進，創
造許多話題與奇蹟。

惠文社的店員選書也是一大特色,融合店員喜好的選書,讓客人可以一窺在地人對京都、對生活、對藝術的不同看法。

我想惠文社會被選為全球最美麗的書店之一,不只因為書店的陳列迷人、放鬆,對待書的態度更是關鍵。許多書店由於空間有限,又需要追求效益極大化,僅有少數書籍有機會獲得平面陳列的機會,但惠文社用了頗大的面積讓書籍可完整平放,讓愛書人有更多機會可以接觸一本好書。

在惠文社的帶動下,一乘寺這一區群聚許多個性化小店,成為文青的最愛。雖然我不算文青,但拿著選好的書籍走出店外,朝著叡山電鐵前進,叮叮咚咚的火車聲與街頭行人漫步與腳踏車從旁而過的風景,也一併留在我心中成為一乘寺的美麗風景之一。

惠文社　一乘寺店

⌂ 京都府京都市左京区一乘寺払殿町 10

🕙 10:00～21:00;無休

📞 075-711-5919

@ www.keibunsha-store.com

7／不追隨暢銷書的腳步,店員選書才是惠文社的魅力所在。8／可找到許多京都主題選書,也有前店長堀部篤史的著作。

HOHOHO 座

好朋友的玩心實驗

1／HOHOHO 座外觀有
點像車庫。

　　這個春天來了哲學之道很多次，光是哲學之道上的小店就不由自主
地想一逛再逛，常常耽擱不少時間，雖然知道這附近有一間很有名的
書店，但直到第三次前往時才真的有時間，造訪隱藏在哲學之道附近
的 HOHOHO 座。

個性書店另起爐灶

　　HOHOHO 座的名氣來自老闆山下賢二，他原先是北白川一帶很知
名的個性書店 Gake（ガケ）書房的老闆，2015 年 2 月 Gake 書房
宣告走入歷史，4 月時書店正式搬遷到哲學之道附近的巷子裡，並以
HOHOHO 座名義重新開始營業。

　　到訪這天，哲學之道正逢假日，又是櫻花盛開，還未到入口人潮已
經十分洶湧，還好繞進小巷弄中時，寧靜的氣氛取代喧鬧，讓人興起
想要看書的慾望。和以前 Gake 書房小石子牆面上插了半截車子的醒
目外觀比起來，HOHOHO 座明顯低調許多。宛如倉庫的造型，要不
是走廊、牆面上都有插畫畫著 HOHOHO 座字樣，還真有可能錯過。
招牌上大大地寫著「書本、雜貨、菓子、音樂」幾個字，隨意又充滿
玩心，似乎也預告著這間店的特色。

書比較多的伴手禮店

　　老闆山下賢二坐鎮櫃臺翻著書，中長髮酷酷的他散發著藝術家的灑脫感。店內很多書籍都以京都或關西一帶為主題，還有很多雜貨，這也是 Gake 書房會改名的原因之一。山下賢二先前受媒體訪問時就曾表示，現在書籍式微，再加上電子書興起，書店光靠賣書很難生存，是不得不面對的現實，他打趣表示，大家不妨把這裡當成是書比較多的伴手禮店。

　　其實，以前 Gake 書房就有不少雜貨，老闆選書的方針則是：只要是讀者覺得有趣的書，都是他想選擇的書籍，帶點幽默感的內容更是老闆的最愛，就連雜貨似乎都充滿詼諧樂趣。架上書籍以生活類居多，雜貨商品則從裝飾小物、包包、餐具等都有，種類廣泛。

2／餐具可愛又古樸。
3／生活類書籍占了大半。4／明信片擺放得很有味道。5／雜貨與伴手禮比重頗高。

6／害羞的山下賢二不簽自己的名字，
而是留下團隊與書店的名稱。7／正中
央的區域陳設京都各書店店長出版的作
品。

自製刊物充滿在地情感

想請老闆推薦一本書給臺灣讀者，他指了指架上的《我從咖啡開始
的日子》。這是一本介紹京都附近幾間由女老闆所開的特色咖啡店故
事，封面與內頁有很多可愛又復古的插畫，看起來像是字很多的繪
本。書是由 HOHOHO 座成員協力製作，山下賢二負責採訪，早川宏
美負責插畫與設計等，也是 HOHOHO 座開幕時的重要作品之一，初
版限量 1000 本廣受好評。我立刻買下，同時請老闆簽名紀念。

害羞的山下賢二雖然不想拍照，但仍用 HOHOHO 座的名義簽在書
上，並告訴我接下來還會再推新書。那是一本是針對 311 後從東京、
東北搬到京都來的藝術家、作家等人的訪問，描寫 311 後來到京都的
他們一路的心路歷程與各自故事。

打造志同道合的夢想空間

其實，HOHOHO 座的名稱是山下賢二和幾個志同道合的朋友一起
取好玩的團隊名稱，沒想到後來就成了店名。現在一樓是山下賢二負

94

HOHOHO 座（ホホホ座）

⌂ 京都府京都市左京区浄土寺馬場町
　　71 ハイネストビル 1 階・2 階

🕐 11：00 ～ 20：00；無休

📞 075-741-6501

@ hohohoza.com

8 ／京都相關書籍陳列在明顯區域，也有
HOHOHO 座自製的書。9 ／二樓走道很
像學生宿舍。

責的新書販賣區，二樓則是 HOHOHO 座另一名成員松本伸哉所開設
的古書、雜貨店，兩者互補，互相吸引不同的客層。

　　爬上狹窄的樓梯，樓上的走廊空間有點像學生宿舍，走廊外堆滿各
式雜貨，卻放得十分整齊，裡面最主要的空間也留給雜貨陳列，多半
以骨董餐具為主，古樸得很有味道。書籍也是生活、飲食類居多，與
樓下風格不謀而合。

　　我發現京都這些特色書店都充滿活力，儘管 HOHOHO 座、誠光社
兩者經營方向截然不同，卻都積極扮演活絡街區的角色，老闆們也都
十分活躍，藉著舉辦各式活動、講座，甚至參與出版，實際投身這個
產業，讓人看到其對出版的熱愛。兩人其實很早就認識，近期兩人更
要在惠文社一乘寺店舉行對談，完全沒有同行相忌的感覺。

　　儘管大家都說現在靠賣書很難生存，但看到這些在小巷弄中充滿創
意與活力的特色書店老闆不停灌注熱情，以自己的方式書寫京都、介
紹京都、挖掘京都的美好，更讓我們繼續對京都產生莫名嚮往。

| 03 |

萩書房

兒時祕密基地的探險世界

—

1／詼諧可愛的
人形立牌。

　　左京區除了有名的惠文社，不遠處還有一間充滿個性的古書店——萩書房。萩書房的門口十分可愛，豎著一個詼諧的人形立牌，其實這就是老闆的插畫形象立牌，外面的小花車也畫著可愛的插畫，幽默的氣氛讓人很輕鬆就能踏入店內。

有如社區鄰居般親切

　　外面的花車的 100 円均一價，便宜得教人心花怒放，尤其這帶本來就是文教區，附近有多所學校，對學生來說只要花 100 円就能進入黃金屋的世界，實在佛心來的。店內陳設相當多漫畫、海外文學、電影、次文化、已經絕版的娛樂雜誌等，天花板上貼滿各式海報，充滿懷舊復古味。老闆井上賢次表示，自己特別喜愛收集給孩童看的書，倒不是因為特別喜愛小孩，而是可以讓自己充滿許多兒時回憶。

　　他也感嘆開店已經 30 年了，雖然附近學生很多，也和其他古書店一樣常常參加京都的古書市集，但經營越來越辛苦。只希望能盡量維持下去，把自己童年的美好回憶也藉著書本傳遞給下一代。

書本的式微雖是不可不面對的趨勢，但仍有人堅持奮鬥，充滿赤子之心，也衷心希望萩書房能夠繼續下去，帶給大家更多讀書的樂趣。

2／百元均一價真是佛心，花車上同樣有幽默的插畫。3／老闆非常喜歡童書，覺得能夠找回童年的純真開心。4／書籍陳設就像社區小書店般懷舊。

萩書房

⌂ 京都府京都市左京区一乗寺里の西町
　 91-3 ロイヤルコーポ大同１Ｆ店舗
🕐 10：00 ～ 18：30；每月第 3 個星期
　 二休、不定休
📞 075-712-9664
@ web.kyoto-inet.or.jp/people/kosho

London Books

書中跳躍著的搖滾音符

99

1／門口花車上的舊
書，還有懷念的音樂
雜誌。2／溫馨的擺
設完全沒有古書店的
陳舊感。

　　每回來到嵐山，總是為了看風景及享受悠閒氣氛。但畢竟嵐山實在
太紅了，現在來訪不像早期有淡旺季之分，一年四季人潮都絡繹不
絕，桂川、渡月橋一帶也總是擠滿人潮，但儘管如此，嵐山一帶腹地
較大，還是能找到個人煙較少的角落，稍微讓自己沉澱下來。

　　這回乘坐嵐電小火車前來，決定捨棄以往的終點站「嵐山」，反而
提早一站在「嵐電嵯峨」站下車，主要是為了想到一間很可愛的餐廳
用餐，沒想到意外發現一間有趣的書店 London Books。

充滿音樂的書店

　　白色外觀像歐洲小商店一樣乾淨簡潔，藍色棚架簡單寫著店名，外
面的小花車擺滿了舊書，上層一本只要 100 円，下層更是 50 円就能
入手。走入店內，映入眼簾的就是年輕時頗喜歡的美國搖滾樂團「Bon
Jovi」主唱 Jon Bon Jovi 為封面的音樂雜誌《BURRN！》，立刻引

起我的興趣，其他還有包括藝術類、室內設計、居家風格、文學書等。
一旁的招牌還寫著二樓「音空間」，不知道和書店是否有關，但兩者
似乎在類型上頗為相似，再加上店名又是「London Books」，看起
來應該是一間頗具洋風的書店。

　店內空間一如外觀漂亮整齊，完全沒有二手書店的陳舊感，反而
像時髦的咖啡店或生活風格小店。書架與木板都是溫暖的咖啡色，
小圓桌上放了幾本京都相關書籍，圓圓的吊燈更是頗具味道，尤其
靠窗的空間，自然引進的光線與大開窗，更和嵐山的悠閒度假氣息
非常搭。

4／小圓桌上是
老闆精挑的四本
書籍，也與京都
息息相關。

次文化熱愛者必來尋寶

老闆說店內主要以次文化、生活類書籍為主，仔細觀察，藝文、美術、繪本、漫畫、咖啡、紅茶、生活類書籍不少，尤其繪本非常可愛，光看封面就讓人愛上。京都相關書籍也頗多，這也難怪，京都本身悠久的歷史，一直是文人熱愛書寫的主題，相關著作多元。而書店主人秉持著對京都濃厚的在地情感，讓京都書店內特別陳設京都相關書籍，似乎已成為共同特色。

在此挑選了幾本充滿懷念感的音樂與京都書籍後，滿足地步出店外朝餐廳前進。在嵐山發現的這個小驚喜，也讓我在用餐時，多了點可以從書中尋找樂趣的時光。

London Books

⌂ 京都府京都市右京区嵯峨天龍寺
　 今堀町 22
🕐 10：00 ～ 19：30；星期一、每
　 月第 3 個星期二休
📞 075-871-7617
@ londonbooks.jp

05

誠光社

以熱情再燃書店熱潮的男人

說到京都最有名的書店惠文社，就不能不提把惠文社推上京都有名書店的重要推手，前店長堀部篤史了。

剛進入惠文社時，堀部篤史還只是一名愛書的小職員，一路跟著前輩學習經驗，於 2002 年臨危受命擔任店長。堀部篤史在自己所寫的《能夠改變街頭的小店》一書中提到：惠文社中間歷經多次轉型。一度也曾跟大型連鎖書店一樣，在《哈利波特》系列推出新書時，把好不容易搶到的幾本新書忙著陳列在店內最好的位置（暢銷書能否被分配到進貨，以及能進多少本，要看每個書店平時的業績）。沒想到一整天下來，完全沒賣出半本。此後，惠文社更加確信要堅持原本的店員選書策略，不一味追求排行榜上的暢銷書。結果其他書店不好賣的書籍，往往到了惠文社變成長銷書，甚至引起其他書店跟著惠文社的選書進貨，就此帶動一股個性選書風潮。

這位在京都藝文界頗負盛名的推手，於 2015 年夏天離開了惠文社一乘寺店，同年 11 月於丸太町開了自己的新書店——誠光社。除了正式邁開自己的步伐，也希望能夠再用自己的熱情，燃起獨立小書店的熱潮。

1／誠光社的招牌設計簡單、一目了然。2／堀部篤史堪稱京都最知名的書店店長。

與鄰居共生的小店

誠光社所在的丸太町，雖然與京都御所、京阪神宮丸太町車站距離不遠，但不是在大馬路上，比惠文社所在地更寧靜。巷弄中的誠光社仍然只簡單在門口立了個木招牌，宛如鄰家小書店般低調，內部風格卻現代簡約，與惠文社居家溫馨的感覺截然不同，彷彿進入某個建築設計工作室般。

一進門就看到堀部篤史剛好在店內顧店，我心中興起小小的雀躍，很庸俗的想著等下一定要買本書請他簽名，充滿小粉絲的期待。雖然覺得一定很多人詢問過了，但還是忍不住要問他為何想獨立？他只簡單表示：「那裡太多雜貨了，我想開一間更以書為主的書店。」

他曾在自己的著作中提到，惠文社剛開始販賣雜貨時，部分店員也曾幾番掙扎，沒想到反應很好，漸漸的雜貨比例越來越高。堀部篤史希望能建立一個更純粹的賣書空間，這樣的心思不難理解，因此這裡大部分的空間都留給他最愛的書本。

陳列沒有邏輯，寶藏靠自己挖掘

誠光社的書籍陳列方式完全沒有目錄指引，堀部篤史希望大家自行發掘喜愛的書籍。就像他在惠文社的個人書櫃般，依照不同風格陸續陳列，彼此看似無關，卻又有著某個地方緊密相連。店內最前方擺放設計、生活類為主的雜誌，後面則是京都書選，最後方還有一個小小的活動區，可以進行展覽與企畫活動，是他認為能和顧客有更多交流的空間。

問他若要推薦給臺灣讀者或想要認識京都的人，會推薦哪本書？他

選擇了《OZ》雜誌的「京都特集」，不但有許多最新的介紹，也剛好收錄他開新店的訪問。他也提到目前日本街頭流行個性化小店，小小的商店能夠從街頭學習，和街頭共生，漸漸帶動起周遭鄰里的熱絡關係。就像書店旁的餐廳「アイタルガボン」，堀部篤史就經常光顧，也希望更多的客人能來這選書後再到旁邊的小店坐坐，感受這一區的魅力。

以熱情灌溉的書店活力

對臺灣人來說，自己獨立開店是很常見的事，但對日本上班族來說卻是帶點離經叛道的決定，一定得有破釜沉舟的決心才行。我從誠光社與堀部篤史身上，看到的是一個愛書的男人，想重新以熱情燃燒自己信念的決心。

誠光社的出現預告了書店經營模式將出現的改變趨勢，以往需要依賴大書店與暢銷書才能生存的書店，在沒有大書店保證配給進貨的模

3／書籍陳設沒有一定邏輯，要靠自己去找出寶藏。

式下，誠光社向小書店直接下單的進貨模式，在出版社面臨衰退與出版量減少的年代，能更精準、更有風格的選書，也許才是能生存下去的方式。

　　不知道是不是京都這有著古老風貌城市的包容性，才催生出許多個性小店，還是這些個性小店因為京都的海納百川而激起它們多樣的風貌。從誠光社這個書店窗口，我看到了京都的變革，一股從小巷弄開始燃起的熱情，正在慢慢改變京都冷靜的情緒，以及京都人的生活模式。向街頭學習、和街頭共生，成為獨立特色小書店與人對話的方法。

誠光社
⌂ 京都府京都市上京区中町通丸
　 太町上ル俵屋町 437
🕙 10：00 - 20：00；無休
📞 075-708-8340
@ www.seikosha-books.com

4／店後方的小空間會舉行各種企畫展，當時正在舉辦中國貴州的苗族服裝展與企畫書選。5／店內最後方是堀部篤史的工作區，他也會參與書籍編輯及相關活動。

| 06 |

書林其中堂

聆聽梵音的經書世界

寺町的名稱來源和戰國時代豐臣秀吉治理京都時，把寺廟都集中在這帶有關，儘管行至今日，寺町一帶仍然有許多寺廟，包括阿彌陀寺、火除天滿宮、矢田寺等。

來到經書的世界

書林其中堂是一間佛書專賣店，建築外觀有一點像佛堂，散發著不同於其他商店的獨特氣質。書架上的書堆得很高，幾乎快要碰到天花板，靠近櫃檯的一區更擺有許多十分珍貴的佛教古書以及手抄本。書本橫放堆疊分類，老闆還特別貼上標籤註記。

老闆三浦先生是第四代繼承人，店面建於昭和 5 年，充滿歷史感，以前還出版佛教相關書籍，當時印刷用版木也成為店內裝飾的一部分。書店一角還掛上一張寫著「應作如是觀」的書法，這是出自佛教經典《金剛經》的：「一切有為法，如夢幻泡影，如露亦如電，應作如是觀。」代表佛教徒應持這樣的觀點，所有事物現象，都是空幻、生滅無常的。如此饒富哲理的意境，彷彿將書店與外面熱鬧的商店街隔成兩個世界，沉穩古樸。

書林其中堂

🏠 京都府京都市中京区寺町通三条北

🕐 平日 10：00 ～ 19：00、假日 12：00 ～ 18：00；星期四休

📞 075-231-2971

@ web.kyoto-inet.or.jp/people/kiraya

1／古老的經書與手抄本，老闆一一細心註記。

大阪—中央區

| 07 |

FOLK old book store & restaurant

次文化的祕密基地

110

| 特色書店漫遊 |

1／坐落於安靜小巷的書店，打開門可是熱鬧非凡。2／前方是谷口咖哩的餐廳。3／谷口咖哩相當受歡迎，常常很快就賣完。

　　大阪是庶民的城市，不像京都樣樣講究禮儀、傳統，顯得隨興而自在，就連賞櫻都是如此。從大阪城出來彎到北濱這帶，路過的不知名小橋下，只不過幾株櫻花樹下就有人拿出墊子，和三五好友分享著食物、音樂，悠閒地賞櫻。

彷彿來到朋友家作客

　　位於公寓一樓的 FOLK old book store & restaurant，外觀看起來十分隨興，小書櫃上放了許多舊書，插畫看板上寫著谷口咖哩店的資訊，乍看之下有點摸不著頭緒。

　　怯生生地走進去，前方空間是餐廳，雖然還不到晚餐時間，但門口招牌上已寫著「本日咖哩已售完」幾個大字，顯然已經打烊了。店內的東西琳瑯滿目，有漫畫、音樂、雜物、古書、玩具等。靠河川的窗邊座位，不僅可以面對戶外風景，更是喝杯咖啡或用餐、看書的好地方。一旁還有一個小舞臺，應是舉辦活動用的場地，整體來說不太像店面，反而更像居家。

沿著貼滿海報的樓梯來到地下一樓，樓下擺滿大量漫畫書、CD、衣服、玩具、雜貨，品項既多且雜，很像哪裡有空位就放在哪裡，不禁想起年輕時和三五好友窩在一起，邊吃零食、邊看漫畫的祕密基地。我忍不住說了：「好像來到朋友家作客般的感覺喔。」店內的大男孩也忍不住笑了出來，他就是老闆吉村祥。

喜歡漫畫而成為書店主人

吉村祥看起來很年輕，其實是位七年級生。聽到我是臺灣來的，便熱情地閒聊起來。他說，早年想要自己開個店，沒有很清楚要開什麼樣的店，但因為曾在雜貨與古書店打過工，再加上家裡有很多漫畫，所以就先把家中的漫畫拿出來賣。後來才利用休假到處尋找二手書，擴充店內收藏。我笑著說：「我以前也很喜歡漫畫喔，家中漫畫也是多到可以開二手書店了。」看來，大家都曾有過同樣的夢想，只不過他真的實踐了。

4／東西很多的地下室，好像來到朋友家的祕密基地。

| 特色書店漫遊 |

5／吉村祥近期喜歡的作品：左起
小川一樹的《K2》、成重松樹的寫
真集《上下卷》、5人組合「BMC」
撰寫的《月刊ビル》、植本一子的
《かなわない》。

由於對漫畫的喜愛，現在漫畫在店中也占了相當大比重，包括手塚
治虫等大師漫畫，這裡都可找到。他特別從書櫃上拿出老漫畫家山岸
涼子的《日出處天子》，讓我萬分訝異。最近才因走訪關西許多聖德
太子相關遺跡，和朋友特別聊起這部以前深愛的作品，沒想到在大阪
竟碰上同好。

他接著又繼續向我介紹幾個最近喜歡的作品，包括成重松樹的寫真
集《上下卷》，對老大樓著迷的 5 人團體「BMC」所撰寫的《月刊
ビル》，攝影師植本一子自費作品《かなわない》，以及聲優小川一
樹的作品《K2》等。大部分都是小出版社出版的非主流作品，店內
東西也都以次文化為主，充滿濃厚的個人色彩。

他說，其實這裡是 FOLK old book store & restaurant 第二個根據
地，第一個地點在離這不遠的天神橋一帶，大約三、四年前搬到現在
的地方。因緣際會下認識「BMC」團員之一的阪口大介，這位從事
不動產工作的朋友，後來對於尋找新店面與店中的家具上大力幫忙，
讓 FOLK old book store & restaurant 有了現在的模樣。

6／靠窗座位風景不錯，
可點杯咖啡休息一下。

FOLK old book store & restaurant

⌂ 大阪府大阪市中央区平野町 1-2-1 1F ＋ B1F
🕐 13：00 ～ 18：00；不定休
📞 06-7172-5980
@ www.folkbookstore.com

適合交朋友的熱鬧書店

由於光靠賣二手書實在很難維持業績，吉村祥陸續開始賣骨董、咖啡，甚至把部分空間給友人開設咖哩店，平日中午很多附近上班族都會來這用餐，谷口咖哩在這帶也開始小有名氣。「一開始大家還有點搞不清楚這店裡究竟賣些什麼，現在熟客增多了。店內常常舉辦講座、分享會、演唱會，也會參加二手市集，認識許多同好。」吉村祥說。

相當熱愛音樂的吉村祥，更因為活動結識了許多音樂家，他拿出 iPad 播放常來這辦活動的地下樂團「DODDODO BAND」與井手健介的歌曲給我聽，還笑說最近因為小孩出生了，不能像以往那樣常常工作結束後還可去看表演，要更努力衝業績了。我們就這樣聊了許久，一邊欣賞他的收藏品，一邊聊到他曾造訪臺中某書店。這位充滿親和力的二手書店老闆，不只把店內布置得像回到家一樣自在，更把客人當成朋友，熱愛和好友分享有關書籍、音樂、漫畫、雜貨種種瑣事，雖然這裡絕對不是個能賺大錢的場所，但老闆的親和力與對夢想的執著，反而更顯珍貴。

駒鳥文庫

到老電影放映室找同好

115

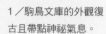

1／駒鳥文庫的外觀復古且帶點神祕氣息。

大阪的二手書店真是充滿活力，且種類多元。在 FOLK old book store & restaurant 附近還有一間風格迥然不同的主題二手書店——駒鳥文庫。

影迷的交流場所

這是一間以電影相關書籍與收藏為主的二手書店，店門有著很可愛的玻璃磚牆與大開窗，從外面就可看到裡面溫暖的景象。店內滿是電影相關書籍與收藏，櫃檯還放著幾張高腳椅，老闆除了賣書也賣咖啡，還有一個看起來很像老電影才會出現的復古黑白小電視，正在播放老電影。一切都那麼對味，彷彿走進往日時光中。

老闆村上淳一無疑是個影迷，從日本片、歐美片、動畫電影都有涉略，但復古風格洩露出他對老電影的鍾情。見到臺灣來的我，他說：「我很喜歡侯孝賢、楊德昌、蔡明亮等人的作品，也有些臺灣客人會來本店挖寶。」顯然電影是可跨越國界的。我們的話匣子一路從臺灣導演開始，聊到彼此喜歡的作品。他向我推薦日本時代劇以及老牌導演岡本喜八的作品，更深愛實驗電影大師史丹·布拉哈格（Stan Brakhage）的作品。

電影收藏品令人著迷

這裡除了販賣電影相關書籍，也收藏了很多海報、場刊、DVD 等，例如《星際大戰》系列。架上還有許多古董相機，原來以前村上淳一

2／老闆村上淳一
是個電影迷。3／
古董相機與攝影機
也是老闆的收藏。
4／復古溫馨的環
境，老客人常在此
聚會。

駒鳥文庫

🏠 大阪府大阪市北区天神橋 1-14-11 天神ビル 1F
🕐 12：00 ～ 19：00；星期一休
📞 06-6360-4346
@ komadori-books.jp/

曾玩過一陣，現在則作為收藏。店內很多是常客，大家沒事常到這聚
聚，喝杯咖啡聊聊天，順便看看老闆櫃檯上播放的老電影。

　我們聊天的當下就來了一位常客，得知我從臺灣來，立刻興奮地跟
我說他曾外派臺灣工作，住過好一陣子，當時也看了不少臺灣片。

　老闆把店內妝點得充滿昭和時代的復古風情，還有很多小鳥裝飾
品，十分可愛。原來，「駒鳥」的日文發音（Komadori）也暗藏著
電影符碼，其發音和動畫電影讓靜止的畫面連續移動的拍攝手法「コ
マ撮り」相同。有趣的雙關密碼，展現出老闆對電影的熱愛。

　這裡就像是電影文化交流所，老闆也藉著書店和影迷互相交流，讓
美麗的電影不只存在於膠卷，更串成一個情感豐富的世界。

書是人生的零食！

創造不乏味的人生

118

1／一見難忘
的店名。

「本は人生のおやつです！」（書是人生的零食！）

　看到這個名稱時，真的很難不去注意，心想一定要到現場看看。這是一間位於大阪堂島附近的書店，也兼賣雜貨，隱藏在公寓二樓，無論是店名還是選擇的地點，都充滿了另類色彩。

沒有書和零食的人生太乏味

　前來這天大阪剛好下起春季的一場超級大雨，雨勢大到有點像颱風天，走到該店樓下時，還有點猶豫是否要上去，因為實在狼狽，不過看到放在一樓的木頭招牌，頓時內心升起一股溫暖感，想趕緊上去避避風雨、選本書。

　隱藏在二樓的店面雖然不算大，但跟招牌一樣溫馨，店長坂上友紀是一位相當溫柔，又很健談的女性。她說：「就是因為大家只要聽過一次就不會忘記，所以取了這個名字。零食可以在疲憊時吃，人生要是沒有零食（甜食）就太乏味了，而且好吃的零食能讓人感到幸福。」確實，缺乏零食的人生將多無趣啊！書就像人生的零食，不是正餐，不能填飽肚子，卻能讓人心靈滿滿，豐富且多采多姿。

119

店如其名，體會飲食文學

也可能因為這個可愛名字，店中和飲食有關的書比例也較多，且以飲食文學居多。坂上小姐特別推薦一本她最近覺得很有趣的書，女作家井上理津子所寫的《關西提味秘方》，書中介紹眾多關西美味店家，都是在地好味道，且好吃又便宜，完全符合關西的庶民印象，加上從女性角度出發，讀起來多了份細緻風味，也從飲食文化開始認識關西魅力。

另外也推薦了大阪出身的文豪織田作之助的名作《夫婦善哉》，以及作家嵐山光三郎描述文人怪食癖的《文人惡食》，果然不論哪一本都能認識關西或大阪風貌，也都與飲食有點關係，果然符合「書是人生的零食」宗旨。

專屬插畫特色雜貨

這裡的雜貨選品也很特別，是坂井小姐很喜歡的一位插畫家足立真人的作品。除了販賣她的明信片與文具用品，也請她為店內設計了專有的文庫本書套以及袋子，上面還有該店的簡稱「本おや」，同樣充滿復古與溫馨氣息。

店內很多客人都是下了班沒事就會來這裡閒逛的上班族，尋找有沒有什麼有趣的新書，有時候也會舉辦讀書會、講座、簽書會和客人互動。我和坂井小姐在聊天時也碰上一位熟客，那位熟客的東京老家正好是我多年前在日本讀書時居住的地方，因而打開話匣子，他推薦我的書也剛巧是《關西提味秘方》，讓我們為這不約而同的默契，忍不住笑了出來。

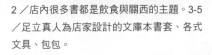

2／店內很多書都是飲食與關西的主題。3-5
／足立真人為店家設計的文庫本書套、各式
文具、包包。

書是人生的零食！（本は人生のおやつです！）

🏠 大阪府大阪市北区堂島 2-2-22 堂島永利ヒルディング 206

🕐 12：00 ～ 20：00；假日、星期六 11：00 ～ 18：00；星期一、日休

📞 06-6341-5335

@ honoya.tumblr.com/

丸善淳久堂書店

大師建築中的藝文漫步

122

梅田車站出來往茶屋町的方向，這幾年來有許多大型百貨進駐，彌漫著都市新興的氣象，建築時尚又漂亮，讓喜歡看建築的我每回來這都感到驚豔。更棒的是，這裡還有一間由安藤忠雄座建築設計的連鎖書店——丸善淳久堂梅田店。

大阪是安藤忠雄的家鄉，很多地方都可以看到他的建築作品，對喜歡安藤忠雄的人來說，要尋找大師的作品一點都不難。

丸善淳久堂梅田店是複合型設施，B1F～7F是書店，上面則為住宅與旅館。建築外觀當然是安藤忠雄愛用的清水模，造型簡潔，每一層外面都有寬敞的陽臺，以俐落的斜切線與玻璃牆面切出漂亮的幾何形狀。寬敞的陽臺其實來自日本老屋「緣側」的空間概念，也多了點透氣感。可惜不太能夠實際走到外面的走廊溜達，但走廊提供了書店良好的採光，以及漂亮的光影灑落痕跡。

藏書數量、種類驚人

丸善淳久堂另一個很大的特點是書量多、書種豐富，據說有200萬冊書籍，包括漫畫、藝文、旅行、外文書、電腦、語文、參考書等

1／光日本旅遊的書籍就按地區與都道府縣區分，藏書眾多。

應有盡有，分類相當細緻，數量也十分齊全，就連外文書也有單獨樓層。光是旅行書，就按照日本 47 個都道府縣區分，還細分地圖、主題類別。在建築設計類書區，也特別陳列安藤忠雄的相關作品。

　　書店內也設置座位區，2 樓有文具專賣區，7 樓更有小藝廊，隨時展出不同主題。因為是連鎖店，各種排行榜也是書店陳設相當重要的指標。逛大型連鎖店與小型精選書店，不但客層有明顯不同，也是截然不同的經驗。美中不足的一點，就是少了點咖啡香。若能像蔦屋書店一樣設置咖啡廳，可一邊選書一邊喝咖啡，就更完美了。

丸善淳久堂書店　梅田店
（MARUZEN& ジュンク堂書
店 梅田店）

⌂ 大阪府大阪市北区茶屋町 7-20
　　チャスカ茶屋町地下 1 階～ 7 階
🕙 10：00 ～ 22：00；無休
📞 06-6292-7383
@ www.junkudo.co.jp

2 ／分類細緻，查找方便。3 ／ 7 樓的小藝廊不定期有企畫展。

| 11 |

大阪—北區

STANDARD BOOKSTORE 茶屋町

品味咖啡品味書

125

前面提到丸善淳久堂對我來說美中不足之處，就是少了咖啡。不知道是不是很多人都跟我一樣有同樣的想法，看書的同時也想來點咖啡，因此在它隔壁的「Nu 茶屋町プラス」2 樓，就開了一間可以邊喝咖啡邊看書的 STANDARD BOOKSTORE 茶屋町。

選書配合百貨公司客群

開在超大型書店旁，STANDARD BOOKSTORE 茶屋町是要有點膽識的。雖然 STANDARD BOOKSTORE 茶屋町比起一般小書店是大很多，但要跟超級怪物丸善淳久堂相比，可就有天壤之別了。

為了找出自己的生存模式，STANDARD BOOKSTORE 茶屋町就用精選書籍結合雜貨、文具、音樂、咖啡店的方式經營。配合百貨公司的客群屬性，書籍與雜誌以生活風格、文化類居多，特別的是不提供暢銷書，等於將獨立小書店的選書風格延伸至此。在這裡，可以在可愛的食物類書籍旁找到充滿設計感的餐具、餐墊，買書成為生活風格的建議。

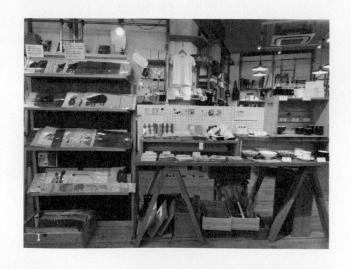

1／書店內雜貨種類豐富。

STANDARD BOOKSTORE 茶屋町

🏠 大阪府大阪市北区茶屋町 8-26 Nu 茶屋
町プラス 212 号

🕚 11：00 ～ 21：00；無休

📞 06-6485-7139

@ standardbookstore.jp

2／餐具旁就放了餐具相關書
籍，提供我們對美好生活的想
像。3／附設的咖啡店可以把尚
未購買的書先帶進去翻翻，靠窗
座位似乎是大家的最愛。

享受邊喝咖啡邊看書的悠閒

　　至於我心心念念的咖啡，這裡可以先把想要買的書帶進咖啡店翻
翻，再決定是否購買，咖啡區位置坐起來很舒服，靠窗的一排位子更
是相當適合欣賞街景。每次看到日本這種賣書方式都既佩服又擔心，
難道大家都不擔心書本會弄髒，或是在那翻完就不購買了嗎？

　　近來從日本的蔦屋書店、無印良品書店模式可發現，結合咖啡店或
多元雜貨類型的複合式經營法已經蔚為主流。我想，接下來應該可以
期待越來越多生活風格書店誕生吧！

慎重而優雅地看待，師傅呈上的抹茶一服；
坐在老咖啡廳裡，遙想文人雅士的靈光乍現；
可愛的、經典的、夢幻的、復古的……
任誰都需要這樣一段，什麼也不用煩惱的時光。

三、一盞茶、一杯咖啡

寫意的關西

9

| 01 |

SOU・SOU 在釜

將設計注入茶道精隨

｜一盞茶，一杯咖啡｜

1-2／茶室優雅靜謐，但仍可找
到 SOU·SOU 的繽紛符碼。

　　來京都是一定要喝茶的，而且絕對不能錯過抹茶。京都有名的抹茶
老店喝都喝不完，沒想到以織品服飾為主的京都品牌 SOU·SOU 也
開了一間茶店 SOU·SOU 在釜，說什麼也要一探究竟。

新和風茶道

　　SOU·SOU 在釜位於新京極 SOU·SOU 大本營這帶，就在 SOU
·SOU 伊勢木綿樓下。京都人氣店家都常要排隊，一開門或打烊前
通常可少排點隊。我來的時候距離打烊只剩 1 小時，下樓時沒看到有
人在排隊，還有點開心，進門後更發現只有一位很像常客的人坐在櫃
檯和老闆喝茶聊天，還讓我有點不好意思，感覺像似打擾了人家談
話。詢問是否還可點茶時，老闆點頭表示沒問題，後卻接著說：「和
菓子已經賣完，只能提供抹茶。」沒想到，我不想排隊的如意算盤只
打對一半。

　　造訪 SOU·SOU 其他店家時，已經覺得工作人員非常有型，來
到 SOU·SOU 在釜更有深刻感受。負責泡茶的高橋雄二自然是穿著
SOU·SOU 服飾，無論是泡茶時的起手勢、舀茶湯、用茶筅刷抹茶

131

3／專注泡茶的茶人。4
／小小一杯抹茶傾注了
茶人的畢生功力。

時的姿態都非常優雅且具有架式，專注表情更有在看電影《一代茶聖
千利休》泡茶時的神情。

結合織品設計的甜點

　　小小一杯抹茶喝進口中只有瞬間工夫，培養一位茶人卻要好幾年，
喝太快的我都覺得有點愧對茶人了，但少了和菓子陪襯，手中那杯
茶想喝得慢也很難。未能品嘗到店內招牌和菓子實在感到可惜，因為
SOU‧SOU 在釜與其他茶室最大的不同，就在於結合織品設計圖案
做為和菓子襯底的裝飾，每月還有不同主題。

│一盞茶，一杯咖啡│

看出我的感嘆，茶人拿出店內販售的糖果禮盒讓我拍照，說明這是與京都和菓子老店「長久堂」合作的產品。除了把和三盆糖、金平糖等裝飾成花一樣的禮盒，還加入象徵 SOU・SOU 的數字糖果做裝飾。

雖然無緣吃到和菓子，但店內的 SOU・SOU 精神早已無所不在。牆壁的花紋、椅上的座墊，連茶人的茶櫃都把日本每月行事、二十四節氣、七十二氣候等變身為茶室裝飾之一，用設計讓人重新注意到傳統的老事物，不也是 SOU・SOU 想傳達的精神嗎？

如此一想，走出茶室的我已經沒有那麼大的遺憾。看來，我也很容易自我滿足呀！

5／SOU・SOU 設計的茶具、伴手禮。
6／傳統行事、二十四節氣也變成裝潢元素。7／與長久堂合作的和三盆糖，也有代表 SOU・SOU 的數字糖果。

SOU・SOU 在釜

🏠 京都府京都市中京区新京極通四条上
ル二筋目東入ル二軒目 P-91 ビル B1F

🕐 12：00 ～ 20：00；無休

📞 075-212-0604

@ sousounetshop.jp/

| 02 |

FRANCOIS

文人雅士的祕密基地

1／昏黃燈光充滿復古情
懷。2／這裡曾是自由言
論的發聲地。

每一座古老的城市似乎都有一個可以容納反叛思想的咖啡廳,提供
文人、憤青、藝術家交流聚會。搭乘阪急電車從河原町下車後,沿著
高瀨川朝西木屋町通往南,沒走多久就會看到一間充滿一種早期西洋
殖民風格的白色老房子,正是京都老城中的那個祕密基地——咖啡老
店 FRANCOIS。

文人雅士祕密聚會場所

1934 年開店的 FRANCOIS,由創辦人立野正一和友人高木四郎、
義大利來的留學生藝術家一起設計了這間小店。外頭是鑄鐵窗櫺,
彩繪玻璃、二樓有個外搭小陽臺,裡面中間挖了個圓頂,牆壁塗上黃
漆,還有拱形裝飾搭上木頭樑柱,演繹出歐式風情。深色調座椅搭配
紅絲絨布面,宛如進入教會。牆壁上裝飾的是達文西、莫迪尼亞尼等
人的畫作,濃厚的早期義大利風格正是這間老咖啡廳的基調。

復古風味十足的老咖啡廳,當時可是最時髦的聚會所,深受古典

樂與咖啡愛好人士熱愛，還常是自由派人士祕密聚集處。包括藤田嗣治、吉村公三郎、伊藤大輔、三隅研次、新藤兼人、宇野重吉、滝沢修、桑原武夫、矢內原伊作等京都藝文人士都常聚集於此，成了當時倡導言論自由的發聲地。在言論不是非常自由的年代，倡導自由派論調的報紙《星期四》也可在此取得，許多撰稿人更是這間咖啡廳常客，由此可見其在京都文壇的地位。

經典京都咖啡廳風味

時至今日，言論早已不受限制，咖啡廳不再肩負言論自由的重任，老派藝文人士更多半凋零，這裡單純成為復古風情的老店。

點了招牌雞蛋三明治與咖啡，當成今日的京都早餐。雞蛋三明治作法非常傳統，軟嫩的雞蛋先行調味，麵包塗上酸酸甜甜的番茄醬，風味簡單卻好吃。雞蛋的鹹味恰到好處，本擔心份量太多，卻讓我停不下來，搭配香濃咖啡，時光倒流的錯覺就此襲來。

我選擇靠窗的小包廂，透過彩繪玻璃射進的陽光，五顏六色映在桌面上，室內的昏黃燈光也具風情。唯一美中不足的是店裡不禁菸，似乎仍想保留那個倡導什麼都自由的年代標章。

我注意到店員臉上似乎毫無笑容，後來看網路留言，發覺不只我一人有此感覺，但我想，這也是此店的特色之一，一種個性派的象徵吧！

歷經時代更迭，FRANCOIS 的革命色彩雖早已淡去，歷史的血液依然被保留下來，以咖啡會友的方式訴說屬於那個時代的故事。這座老房子更被登錄為文化財，成了喫茶店最早被登錄的案例，在那風情依舊的高瀨川邊，散發屬於它的絕代風華。

FRANCOIS（フランソア）

🏠 京都府京都市下京区西木屋町通四
条下ル船頭町 184

🕐 10：00 ～ 23：00；無休

📞 075-351-4042

@ www.francois1934.com/index.
html

3／咖啡豆來自於熱帶雨林同盟認證的
農園。傳統做法的雞蛋三明治軟嫩美
味。4／連吊燈設計都充滿復古味。5
／彩繪玻璃窗別具風情。

| 03 |

RAKU Café

宇治川河畔的小清新

138

1／來到宇治，不妨放慢腳步，會有驚喜發現。2／明亮開闊、裝潢溫馨。

　　在宇治住了一晚，早上沿著宇治川散步時，川畔的櫻花已經陸續綻放，準備迎接周末的櫻花祭。看著河畔旁紫式部的雕像，《源氏物語》中平安時代貴族優雅的形象，再度浮現眼前。

　　《源氏物語》中最後的「宇治十帖」發生的場景就在宇治，當地也在宇治橋頭幫作者紫式部立了尊雕像，讓來來往往的人得以認識這位平安時期的大作家，宇治市的人自然也以紫式部與《源氏物語》為傲，樂得建立一座「宇治市源氏物語博物館」，紀念這部傳頌千古的文學大作。因此在宇治市漫步，隨時能都彷彿置身於小說場景般，充滿悠哉與清靜。

很對女生胃口的風格咖啡

漫步途中，無意發現一間挺可愛的小店 RAKU Café，看板上的三明治照片充滿誘惑，便決定在此吃早餐。店內布置溫馨，木頭桌椅、溫暖的照明，淡淡的食物香氣，是一間會讓女生立刻愛上的可愛小店，經營的同樣是幾位年輕女性。店裡也附設 Gallery，不時會舉辦活動。這天雖然未有活動，但已經開始準備週末的櫻花祭典。

點了三明治與拿鐵，打算好好享受這個難得的宇治清靜早晨。三明治的模樣可愛，白白胖胖的吐司中塞入黃澄澄的煎蛋，每一個都讓我垂涎欲滴。不同於在 FRANCOIS 吃到的傳統三明治，吐司沒有抹上番茄醬，煎蛋則像蛋包飯的半熟蛋，口感滑嫩是一大特點，搭配口味較淡的拿鐵，從擺盤到裝潢都呈現出現代西式風格。比較有趣的是一旁搭配的醃漬黃瓜與蘿蔔，瞬間成為和洋混合風情。

3-4／店內處處能找
到可愛的小裝飾。

一盞茶，一杯咖啡

5／白白胖胖的煎蛋三明治，煎蛋是半熟蛋，口感十分滑嫩。6／店內販賣的蛋糕也都是幾位年輕女生親手做的。

RAKU Café

⌂ 京都府宇治市宇治又振 65
🕐 9：00～傍晚；不定休
📞 0774-66-7070
@ raku-u.com

　　宇治雖然也是觀光地，還有個近來才剛修復完成的平等院鳳凰堂，但因為在京都府南邊，實際會在此住下的旅客其實不多，大部分都是從京都市區當日來回，早晨的散策時光也就格外幽靜。這個時間會來到咖啡廳用餐的，很少是外地觀光客，店內都是婆婆媽媽，意外與在地人享用早餐時光，彷彿融入當地生活，是旅途中的小小驚喜。

| 04 |

ZEN CAFE + Kagizen Gift Shop

和風美學參透「禪」境界

142

1／藏於花見小
路巷弄裡，低調
的 ZEN CAFE。

　　花見小路的巷子十分迷人，尤其到了傍晚，總有大批觀光客守在路
口，想要捕捉盛裝打扮的藝伎前往工作場合的倩影。雖然京都市區已
有明白告示，請觀光客不要正面拍藝伎，但也許日本藝伎文化太過迷
人，來自各國的觀光客仍然不畏風雨鎮守住花見小路各個藝伎容易出
沒的地方，只為一「堵」風采。說是「堵」真不誇張，只要藝伎一現
身，大夥就像發現大明星般窮追不捨，藝伎也確實是京都大明星，讓
觀光客甘心等待其翩然芳蹤。我雖不太追逐這種場景，但看著等待的
人潮，多少能理解大家的眷戀與好奇之心。

和菓子老店新品牌

　　隱藏在花見小路後方巷子的 ZEN CAFE + Kagizen Gift Shop，是
和菓子知名老店「鍵善良房」新開的咖啡廳位置隱密，第一次來時
還用 Google 定位找尋了一番，才發現位於某個很像住宅或美術館的
樓上。不過那天早已過了開門時間，後來好幾次往附近採訪時打算前
往，時間都不太湊巧，不是已關門就是要排隊。某天在快要關門打烊
前不到一小時，終於如願前往。

2／伴手禮店與咖啡廳間的
聯絡通道，簡單光影照射下，
木製椅子的線條，成為令人
驚嘆的一隅。

京都不像臺灣，就算是人氣咖啡廳也很有個性，有自己的作息時間，不會因為大受歡迎想要賺錢就延長營業時間。ZEN CAFE 就算位於鬧區小巷，交通方便且人潮匯聚，仍堅持只營業到晚上 6 點。這麼早就關門雖然對觀光客來說非常不便，不過也許正因為如此，品質與質感也獲得雙重保障。

彷彿走進「西洋骨董菓子店」

店家前方是和菓子販賣區，空間布置與和菓子的擺設，與店家選擇在小巷落腳的低調相符。可愛誘人的和菓子不是到處塞滿整間店面，而是放在一個設計有型的桌面上，點綴性地以盤子漂亮盛裝幾個，上方用玻璃蓋子蓋起，精巧的設計，有種來到漫畫《西洋骨董菓子店》中的感覺。就連裝飾的花朵都經過設計，透過燈光呈現出婀娜多姿的陰影，成為令人讚嘆的一隅。

這裡也有賣「鍵善良房」招牌商品，如以和三盆糖製作的菊壽糖、鶴與龜等，但更多的是新創作，只有在這裡才買得到的和菓子伴手禮，造型與包裝也更時尚。

後方的咖啡廳從外面看很像精品藝廊，進入其中才得以一窺全貌。裡面空間規畫不大卻充滿和風禪意，靠窗處設置了一個吧檯區，僅能容納 7 個人入座，是最受歡迎的地方。另外還有一個小型的半開放包廂沙發區以及幾張桌子，以咖啡廳的規模來說實在不算大。

美，我說了算

一直很難忘懷電影《一代茶聖千利休》裡的幾個畫面，一場茶會中，屋頂上事先放置的櫻花枝條，因風吹起花瓣掉落；夜晚時在紙上簡單畫出一對小鳥，透過燭光搖曳，透視中展現比翼雙飛姿態。茶室中簡單的插花布置，古樸的茶碗，透露出利休獨到的審美眼光，一句：「美，就是我說了算。」如此霸氣言論，一代茶聖可謂當之無愧。他所推崇的茶道「侘寂」境界，一直深深影響日本美學。

3／不像和菓子店舖，裝潢時尚精緻。4／和菓子從職人手藝到配色、盒裝，盡顯日式美學的講究。5／也有搭配和菓子與咖啡的食器可挑選。

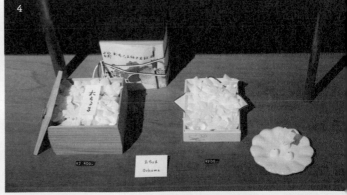

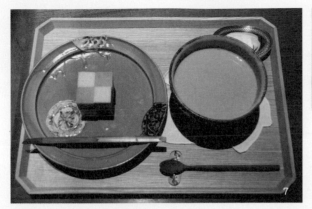

6／半開放的小包廂座位
區。7／下午茶套餐的杯盤
都經過設計挑選。8／靠窗
的吧檯區能偷得祇園巷弄
的寧靜。

ZEN CAFE + Kagizen Gift Shop

⌂ 京都府京都市東山区祇園町南側
570-210

🕐 10：00～18：00；星期一休

📞 075 533-8686

@ www.kagizen.com

「ZEN」顧名思義就是漢字「禪」，身處 ZEN CAFE，再度聯想
到電影中情境。店內的燈光、擺飾、一隅的裝飾，無一不是「禪」的
境界。透過擦手巾、銀色金屬杯墊、放置木製湯匙的放製架、盛裝咖
啡的杯子、放糖的小碟、小積木形狀的和菓子、享用和菓子的竹籤詮
釋品味之餘，也讓日式禪意從品茶一路延伸到咖啡時光。

　用竹籤串起雙色和菓子品嘗，搭配帶著奶味的拿鐵，醇厚溫潤的口
感，也有著和風的不張揚韻味。ZEN CAFE 所呈現的境界無疑讓人
再度上癮眷戀。

05

京都｜美山

Café Miran 美卵

遺世仙境中的香甜美味

148

1／美山町是日
本三大合掌集
落之一。

　京都府大約正中央之處，有個叫美山町的小城鎮。合掌老屋、流水
潺潺，是日本少數仍保留里山風情原貌的小鄉村，自然空靈。在山中
的小咖啡廳歇歇腳，來杯香醇咖啡，度過宛如仙境般的午後時光。

　嚮往美山已久，終於在春天的某個早上決定前往探訪。這天起了個
大早，從京都車站先搭車前往西北邊的園部，再從園部換搭前往美山
的巴士，前後大概花了2小時才終於抵達。雖然車程頗為耗時，但一
看到美山町一望無際的原始風情，立刻心曠神怡，不辭辛苦來此絕對
是正確的選擇。

149

日本人的鄉下，臺灣人的祕境

坐車時碰見幾個臺灣人問路，趕緊上前幫忙指引與翻譯，老婆婆見我會說中日文，笑著問我哪兒來，還很好奇表示：「你們為什麼想去那裡呢？不就是個鄉下地方嗎？」我笑著回答：「臺灣人很喜歡來日本，尤其喜歡前往祕境一遊。」她才彷彿略能體會般點頭微笑。

美山這個離京都最近，又被稱為三大合掌村的小鎮，這裡確實就像是縮小版的白川鄉合掌村。巴士亭也是木造老房，茅草老屋更個個超過百年，看多了春夏秋冬因此以更自在的姿態在稻田中散發寧靜的風韻。日本小鄉村除了寧靜，街道更乾淨得教人不可思議，庭園的花草

2 ／ Café Miran 位
於知井地區較後方的
茅草小舍中。

3／從玻璃拉門往外看，美山的悠閒有了另一種風味。4／店內座位數不多，僅能容納十幾人。

樹木也都彷彿精心設計般，總能輕易謀殺不少底片。這天也剛好碰到一群日本攝影愛好者，不停尋找最適合拍照的角度。由於位置較高的關係，此時京都市區大部分的櫻花已近尾聲，美山町卻正在盛開中，伴隨田野景觀宛如美麗畫作，果然地如其名優美。

在地食材，吃得出簡單美味

知井地區可說是美山最大的集落所在，一路從公路旁慢慢往上逛，雖然不算很大，但因為太像仙境，我每走幾步就停下來拍照，花了好一段時間才走到位於較後方的一間人氣咖啡小店 Café Miran。

Café Miran 其實取自日文「美卵」的發音，代表的是美麗的雞蛋。因為這裡選用當地中野養雞場的雞蛋來製作各式食材，不但販賣新鮮雞蛋，本身也是咖啡廳。

小小店面位子很少，僅能容納十幾人，還好這天非假日人潮不多，我才順利進入。內部櫃子上擺放些許當地藝術家手工製作的雜貨、玻璃製品、陶瓷器皿、明信片等小物，從小物美學就營造出美山町的悠然自得。

這裡的招牌自然是雞蛋製品，除了水煮蛋，甜點更是不容錯過。我點了人氣的布丁搭配黑咖啡，由於山上天氣已涼，這天衣服又穿得很少，另一個以牛乳製成的雪酪冰淇淋就不敢嘗試了。

5／中野養雞場的雞蛋飽滿潤澤。6／以在地好雞蛋製作的布丁。

｜一盞茶，一杯咖啡｜

7／店內也有
美山當地藝
術家製作的
手工雜貨。
8／美山櫻花
盛開的浪漫
景色。

　　食材只要好，東西就非常好吃，布丁綿密的口感香醇濃郁，單純的
美味更能體會身在里山的幸福感。望著玻璃格子拉門外的合掌屋舍，
頓時湧上一股充滿想要住下來的慾望，只可惜這天美山民宿早已預約
全滿，只能留待下次彌補遺憾。

　　午茶雖然簡單，滋味卻怡然淡雅。吃完後我租了腳踏車，繼續往美
山更深處探尋，大部分店家雖然沒開，除了看到幾輛汽車，沒什麼人
潮，意外在某個溪邊小徑上發現一排櫻花隧道。此時只有我一個人迎
風呼嘯而過，櫻花在微風吹拂下繽紛灑落身上，這美麗櫻花雨相伴的
午後由我一人獨享，浪漫且夢幻，美山這片寧靜風采，很難教人不深
深愛上。

Café Miran 美卵

⌂ 京都府南丹市美山町北上牧 42 番地
🕐 10：00 ～ 17：00；星期三休
📞 0771-77-0569
@ www.facebook.com/cafe-Milan- カ
　 フェ美卵 -336315449851945/

胡桃之木 Café

女生心目中的夢幻咖啡廳

1／奈良最受歡迎的咖啡廳——胡桃之木。
2／手釀水果酒也值得一嘗。

奈良人氣最高咖啡廳

　　每個城市都有知名咖啡廳，奈良最受歡迎的咖啡廳當屬胡桃之木咖啡廳了。不愧是奈良最受歡迎的咖啡廳，一進入咖啡廳就能感受人氣的魅力。由於空間寬敞，隨意放置的雜貨有了「餘裕」展示，讓人更願意駐足欣賞。櫃檯上放滿手作水果酒，不只可以喝，不同水果搭配大小瓶子，成為店內最吸睛的裝飾。我忍不住讚嘆：「實在太可愛了，下回也來釀個水果酒，順便當成家裡的裝飾。」女生就愛這種味道啊。

3／蛋糕口味琳
瑯滿目，實在引
發選擇障礙！

櫃臺透明冰箱內的幾款蛋糕雖所剩不多，草莓、藍莓、起司蛋糕等各個色澤飽滿仍然吸睛，索性每種口味各來一樣。等到點的飲料與蛋糕都上場，大夥又陷入一陣忙碌的狀態。這年頭相機總是要比眼睛先享用美食，東挪挪、西喬喬，為蛋糕捕捉許多畫面後，終於該祭祭五臟廟了，果然是天然的尚青，手作蛋糕搭配拿鐵，加上 100 分的氣氛，每一個人臉上都露出滿意表情。

森林系的全方位經營

店長告訴我們，大約 30 年前，創辦人石村由起子開這間咖啡廳時，奈良還不流行喝咖啡，一開始店的規模也沒這麼大，慢慢才做出口碑。現在不只奈良人愛喝咖啡，胡桃之木更帶動奈良咖啡廳的風氣，還開設了旅館、餐廳、雜貨、藝廊複合型態經營的「秋篠の森」。石村由起子本人常常擔任各種生活相關活動企畫，更肩負奈良町文化推廣的「鹿の舟」綜合企畫等角色，她的審美眼光與選物風格頗受推崇，早已是居家設計界的名人，還出了很多有關咖啡、生活風格的書籍。

咖啡廳後方還有一間販售服飾、小物為主的「ノワ・ラスール」小店，擺設同樣別具風情，尤其窗臺上的小裝飾，更讓人忍不住多看兩眼。

　　這個下午，石村由起子滿足了我們心裡對夢幻咖啡廳該有樣貌的想像，也讓我們帶回滿滿的夢幻回憶。

4／咖啡廳後方販賣服飾、小物。5／店長穿著的也是店內販售的風格服飾。

胡桃之木 Café（くるみの木カフェ）

⌂ 奈良県奈良市法蓮町 567-1

🕐 11：30 ～ 17：30；五～日、假日到 21：00；無休

📞 0742-23-8286

@ www.kuruminoki.co.jp/ichijyo/

| 07 |

graf studio kitchen

不亞於華麗建築的設計咖啡

　　中之島這帶一直是我相當喜愛的地方，身為建築迷，對於這裡一棟
棟出自於日本、海外知名建築師之手，漂亮又充滿特色的建築總是看
得入迷，深怕漏掉哪個隙縫中的一棟。

　　graf studio kitchen 位於浪花橋旁，就在國立國際美術館不遠處，
直到這次來關西採訪，才注意到它的存在。它灰色的外觀實在很低
調，遠遠看實在容易忽略，走近點才被入口處不規則的幾何造型吸
引，忍不住想從玻璃窗外窺伺一下。

空間設計團隊的個性之作

　　入口處放了幾件鄉村風家具還有一輛自行車，店家小黑板上寫著餐
廳所販賣的食物 Menu，氣氛休閒。這天下著雨，對面櫻花樹的花瓣
就這樣被風雨打下來飄到門前，命中注定要成為 graf studio kitchen
裝飾的一份了，也成為頗具情趣的小風景。

喜愛設計的人對大阪設計團隊「graf」應該不陌生，他們的設計領域橫跨家具、平面、空間、產品設計，更從藝術、食物到活動企畫都包，常常可在媒體上看到他們的蹤跡。品牌創立於 1998 年，作品包括和藝術家奈良美智合作的「Yoshitomo Nara ＋ graf：A to Z」擔任空間設計；替中川政七商店規畫空間設計；還參與 2013、2016 年的瀨戶內海藝術祭的小豆島田野調查；以及每月一次 FANTASTIC MARKET 活動，從農作物種植開始到販賣，都展現出相當活力。

2／櫻花瓣被吹到店門口，成為 graf studio kitchen 的美麗過客。3-5／graf 設計的各式餐具。

飲食也是重要的設計美學

　　我曾在藝術總監服部滋樹來臺時訪問過他。他當時幽默表示：「品牌創立之初共有 6 位好友一起組成，包含建築師、產品設計、大工、家具職人、藝術家、廚師，約有 2 年時間都沒有什麼工作。還好其中有一位廚師，才讓我們不至於餓著。」在設計已成為顯學，什麼東西都要設計的年代，其實要熬出頭並不是一件容易的事情。graf 在因緣際會下，由這位廚師開始慢慢切入餐飲設計的領域。後來又接觸品牌規畫，同時透過 Work Shop 等活動，展開他們的產品設計生涯。

6 ／ graf 也有設計家具。

161

目前原始成員雖然僅剩服部滋樹，但經營層面依舊廣泛。graf 的設計帶有簡潔之美，例如太陽能燈就造型感十足，外觀很像沙漏，操作方式是白天透過太陽能蓄電，晚上再倒轉置放把燈光那一頭向上，就成了小檯燈。最近更推出太陽能棒，造型同樣小巧俐落。還有各式餐具、家具，許多家具的線條都十分細緻、簡單，譬如置物架、吊放衣服的架子等，都靠幾根木頭支撐充滿禪意美學，且大部分為木頭原色，簡單、有造型、帶點趣味性，成為它們商品最大的特色，極力想傳達「過有創意的生活」概念。

7／咖啡廳牆
面上點綴著許
多可愛插畫。

|一盞茶，一杯咖啡|

品嘗甜點，也品味風格

graf studio kitchen 是 graf 開設的咖啡廳與商店，也是工作室。打開大門，首先映入眼簾的是一個很大的櫃臺，前方為咖啡廳，原木櫃臺上擺放各式蛋糕、餅乾、啤酒、咖啡杯，鄉村風溫暖的氣氛讓人立刻想來個下午茶。

8／每一種甜點都好想嘗試看看啊！9／店裡也有販售食材與調味品。

點好原味、抹茶、草莓、椰子口味的可麗露，等待餐點上來時，我慢慢在商品處閒逛。販售商品的區域偏重 Loft 風，沒有太多裝飾，當然販售的幾乎都是 graf 設計，包含餐具、家具。店內也常常舉辦主題活動企畫，從生活器皿、食材到植物，主題廣泛。我去的時候剛好碰上和歌山服裝品牌「MU YA」週，其服裝樣式簡單，以藍、白色為主色調，沒有繁瑣裝飾，與 graf 設計用來放置「MU YA」招牌的架子成了絕妙搭配。

10／販售各種生活風格商品，前往時剛好碰上和歌山服裝品牌「MU YA」週。

　　整個店逛得差不多時，我點的下午茶也已經上桌。木製托盤盛裝食物，悠閒得刺激食慾，這裡的木托盤使用特別厚的原木，更多了份量感。水杯也是 graf 設計的「OWN」系列，由吹電燈泡職人一個個手吹製成，厚度只有 0.9 公分，輕盈小巧。設計概念充滿一致性，口味多樣的可麗露彷彿也變得更加美味了。

graf studio kitchen

⌂ 大阪市北区中之島 4-1-9
　graf studio 1F

🕐 11：00 ～ 19：00；星期一休

📞 06-6459-2100

@ www.graf-d3.com/shop

11／graf 設計的 OWN 系列水杯，厚度只有 0.0om。
12／下午茶擺設也有學問：木製厚托盤盛裝，咖啡、甜點、餐具擺放呈現三角形的完美平衡。

京都必品嘗的番菜，吃得到在地滋味；
大阪是關西的廚房，永遠都在求新求變！
洋味十足的神戶，除了神戶牛，
一定不能錯過道地的西式料理！

四、偶遇的美食冒險，品味的關西

| 01 |

AWOMB

大人味的扮家家酒

1 ／ AWOMB 的外觀傳統又簡約。

在京都吃飯有時是件很傷腦筋的事情，許多知名老店、話題店家不但不給預約，還要排很久的隊才能吃到。而 AWOMB 肯定是我在京都排隊第一久的話題名店。

一定要擠進第一輪才能吃到

某天早上 9 點多，我剛好在 AWOMB 附近採訪，開店時間為 12 點，到門口時已見兩位女生在排隊了，雖然有點訝異，但尚未意識到其威力。沒想到 11 點再度返回時，店員告訴大家今天中午已經額滿，只好悻悻然離開。離去前我向店員詢問，原來每天中午只能容納 50 組客人，大約可翻兩輪，無法代排或事先登記，除非同行有人留守現場。

之後遇上一個陰雨綿綿的非假日，我思量著也許能碰碰運氣，若有

2／用餐空間窗明几淨。3／狹長
空間共有兩層樓，約能容納 25 人。

機會排進第一輪就等。10 點多到時雖大排長龍，但似乎有望擠進第
一輪，於是我捺著性子開始排。漸漸地後方陸續有人加入，也有人不
耐久候而離開。我不禁想起某位作家曾說過的話：「排隊時在意的不
是前面有多少人，而是後面有多少人。」此時真是深感認同。

11 點半左右店員出來統計人數，確定我是在第一輪入場，才終於
鬆了一口氣。店員先提供菜單讓大家點餐，原來只販賣三款壽司套
餐。分別是最陽春、只有蔬菜的壽司；進階版加了一點魚肉的壽司；
還有份量較多的豪華版。

廚師把壽司材料全部放在一個平板上，附上一碗白飯、幾片海苔，讓大家自行 DIY 食用，還給壽司取了個特別名字叫「手織壽司」。現場排隊的大多是日本年輕女生，我猜想餐點的美味程度只有一般，有名的原因大概是擺盤漂亮、吃法充滿樂趣，因此決定選擇價位落於中間的 2390 円套餐。

正式入場時間已是 12 點半了，拉開白淨暖簾進入店中，首先迎來一條狹長走道，右手邊靠牆處立了一張長桌，擺放許多商品，有自製的文創商品，也有強調各地來的食材等。空間素雅，還需換成室內拖鞋才得以進入餐廳。

4／這裡也販賣許多各地好食材。
5／茶水杯與濕紙巾都頗有設計感，唯獨綠色杯墊的顏色有點太跳了。

不只食趣、還有拾趣

　　店員先奉上茶與濕紙巾，杯子是小巧透明、握感很好的水杯。米色濕紙巾已先把包裝拆掉，用同色系的小杯墊盛上，感覺素雅。但我覺得茶水的綠色杯墊顏色有點突兀，若能使用米色或咖啡色系，似乎感覺更搭。

　　坐下來後沒多久餐點就端上來，雖然餐點照片早已看過多遍，實際呈現在眼前還是忍不住驚呼。有別日本人很少在餐廳狂拍美食的狀況，餐廳內也發出此起彼落的讚嘆與快門聲。仔細欣賞擺盤，除了食材依照配色擺放，前方的幾種調味料中，還特別放了起司，感受到店家勇於創新的風格。食材擺放的美感自然不在話下，連飯勺與刷醬油的小刷子都精緻得像是美術職人使用的工具，當場把吃飯昇華成一場大人味的扮家家酒。

6／漂亮的擺盤是這間話題名店
的最大特色。

偶遇的美食冒險

7／手織壽司的最大樂趣就是可
以自由搭配，口味獨一無二。
8／後方的小小庭園造景，頗具
和風又摩登現代。

AWOMB

⌂ 京都府京都市中京区姥
　柳町 189
🕐 12：00 ～ 15：00、
18：00 ～ 20：00；無休
📞 075-204-5543
@ www.awomb.com/

　　把米飯鋪在海苔上，挑戰才要開始。該選擇哪些配料與調味料，在
在考驗食客的配色功力。第一輪我選擇顏色鮮豔的鮭魚、紅番薯、醃
茄子、櫻花蝦等食材，排完後自己頗為得意，一口咬下，美味程度超
乎預期，我不禁發出歡呼。雖說壽司的魚片、水果等材料不太需要調
味，但蔬菜、麥麩等需調味食材也處理得很好，讓本來覺得可能中看
不中吃的我意外驚喜。後面又陸續嘗試不同食材搭配，軟的食材搭配
硬的，水果搭配魚肉，各有不同風味。

　　AWOMB 加入屬於大人味的京都美學風格，用手編織的美麗壽司，
讓用餐成為好玩的遊戲，是一場視覺、味覺、觸覺的綜合體驗。

來我家吃飯 KOKORA 屋

走入京都家常的番菜料理

1／柵欄後隱隱約約透出熱鬧人聲，引人一探究竟。
2／牆上掛著許多寫著藝伎名稱的小扇子。

在京都每到傍晚，就是令人既期待又怕受傷害的時間，美味人氣店家常常需要排隊，沒排隊的又有些猶豫不前。這天運氣很好，在前美食記者女人帶領下，順利在先斗町進入一家以販賣京都番酒、番菜著名的店家──KOKORA屋。

京都的餐廳常會寫著販賣「番菜」，究竟什麼是「番」呢？其實，「番」代表的是平常、日常的意思，京都傳統的家常好味就隱藏在番菜料理中。不過，京都畢竟是京都，就算是一般家常小吃也要弄成大有來頭，著名的京野菜自然少不了。

食物就是餐廳最好的裝飾

我們坐在靠吧檯的位子，可以清楚看到吧檯上陳列著一個個超大碗公，裡面裝盛著各式各樣家常小吃，教人食指大動。不禁讚嘆京都真

│ 來我家吃飯KOKORA屋 │

是重視美學的地方，不用塑膠盆盛裝菜餚，也不像臺灣小吃店事先把小菜裝在統一的小盤上，而是先用造型與畫工精細的大碗豪情盛裝，食物就是餐廳最好的裝飾，讓兩個吃貨看得目不轉睛。

菜餚旁一一用毛筆寫上名字，牆壁上也掛滿寫著各種食材的文字，像滿天飛舞的食物，我們決定都點來試試：加入九条蔥與豆渣的小菜，伏見辣椒炒小魚，甘煮小卷，生魚片……每一樣都滿足了我們對京都料理的嚮往。

一旁櫥櫃上井然有序放置的各式碗碟，忍不住讚嘆起店家對食器的講究。沒想到身旁的美食家竟說：「我家櫥櫃的碗盤數量，大約也是這麼多。」果然熱愛美食的人對食器有一種莫名的眷戀。品嘗著充滿家常味的京都日常小吃，今晚我們雖身處觀光街，卻有容於京都人日常生活的感覺。

3／九条蔥拌炒的小菜。4／伏見辣椒炒小魚，香氣十足。

176

5／新鮮得入口即化的生魚片。6
／紅燒魚也是京都家常料理。

來我家吃飯 KOKORA 屋（おうち ごはん ここら屋）

🏠 京都府京都市中京区四条先斗町上ル
鍋屋町 209-12 家屋番号 51

🕐 17：00 ～ 23：30；星期二休

📞 075-241-3933

@ kokoraya.moss-co-ltd.com/shopdata/
ponto.html

│ 來我家吃飯KOKORA屋 │

| 03 |

京町家 Suishin

打開五感的創意京野菜

由於前晚經驗太美好，第二天又與友人相約先斗町，挑選了一間門口放置許多京野菜的京町家 Suishin，想再次挑戰京料理的奧義。

創意京町家料理

京都常常可以看見打著京野菜招牌的店家，究竟什麼是京野菜呢？雖然沒有明確定義，但一般多指明治時期前從中國、朝鮮半島傳入日本，同時在京都府生產的京都傳統蔬菜。主要代表包括賀茂茄子、伏見辣椒、九条蔥、聖護院蕪菁等，均以早期種植地命名，我尤其喜歡吃九条蔥，香氣濃郁不辛辣，與宜蘭三星蔥有點類似。

與 KOKORA 屋家常風格的裝潢相比，京町家 Suishin 明顯高級時尚許多。以傳統京町家改裝的老屋，微暗燈光增添優雅風情，門口擺放一些店家自製伴手禮，包括用聖護院白蘿蔔、金時紅蘿蔔做的糖果。最吸引人的要算是口布，上面畫了聖護院白蘿蔔、賀茂茄子、鹿谷南瓜等京野菜，雅致又充滿京都傳統味。

1／店家自製的伴手禮，畫滿京野菜的口布尤其吸引人。2／華燈初上的 Suishin，頗有高級料亭的感覺。

口味驚喜的創意料理

我們挑了野菜豬肉涮涮鍋，阿波椎茸與雲丹小鍋飯當主食，另搭配但馬牛京野菜朴葉燒，醋漬烏賊等小菜。

朴葉燒一上桌立刻讓我眼睛一亮，焦黃的朴葉底端鋪上一層厚味噌，鮮紅色的但馬牛搭配幾片黃南瓜與翠綠蔥絲，直接於面前的小烤爐燒烤，四溢的香味與嗶嗶啵啵的聲響，視覺、味覺、嗅覺、聽覺一齊打開，教人食指大動。

醋漬烏賊則是創意料理，醬汁為果凍狀，微酸口感加上蔥絲與醬料，搭配冰涼的烏賊，十分開胃，兩道配菜的味道都值得讚賞。

3／但馬牛京野菜朴葉燒直接在眼前燒煮，視覺、味覺、嗅覺、聽覺一齊打開。
4／創意料理醋漬烏賊，醬汁做成果凍狀，化開後搭配冰涼烏賊，爽口不油膩。
5／野菜豬肉涮涮鍋以竹籃盛裝，是我喜愛的擺盤方式。

6／阿波椎茸與雲丹小鍋飯,香氣撲鼻。7／門口的京野菜正頻頻向過客招手呢。

　　以小竹籃盛裝的火鍋食材很有氣氛,豬肉品質不過肥,汆燙幾下就可食用;小鍋飯中的香菇與雲丹海膽拌勻後香氣四溢。但整體來說,小菜的烹調手法更讓我驚豔。

　　從門口京野菜鮮豔色澤,就已經打開了我們的第一道食慾,隨著嗶嗶啵啵的朴葉燒喚起聽覺與味覺誘惑,充滿創意的料理手法與時尚裝潢,今晚的先斗町美食經驗是一場氣氛饗宴。

　　先斗町總是有多樣美食選擇,讓各方老饕都能尋到自己的心頭好。兩天的美食冒險,我與朋友一致認為若純粹想品嘗京都家常味,KOKORA 屋已十分足夠,若追求氣氛與創意料理新鮮感的人,則推薦來此。

京町家 Suishin(京町家すいしん)

🏠 京都府京都市中京区先斗町三条下ル材木町 181
🕐 17：00 ～ 23：00;無休
📞 075-221-8596
@ kyomachiya-suishin.jp/

| 04 |

D&DEPARTMENT 食堂

嚴選在地食材的無窮好滋味

D&DEPARTMENT 雜貨旁邊即為 D&D 食堂，空間中深色木頭搭配墨綠色板凳椅，沉靜而有味道。

　　書架上擺放許多生活相關雜誌與書籍，也能看見長岡賢明團隊所推出的雜誌《d design travel》，可一邊享用下午茶，一邊翻閱。雜誌內容主要為旅遊，每次主打一個都道府縣，介紹當地的生活設計商品。長岡賢明認為除了好設計，商店、咖啡、讀書會三者是缺一不可的要素，對於日本 47 個縣的推廣更是不遺餘力，從生活雜貨到餐廳的食材選擇，都要以在地、手作為出發點。

用心製作，講究的食材

　　我點的日式甜點包含了黃豆粉口味的冰淇淋、生麩、密黑豆、煮紅豆、草莓等，稀鬆平常的傳統點心更能看出其對食材的講究，光是蜜黑豆就好吃得回味再三。這蜜黑豆來頭可不小，來自京都佃煮老店「津乃吉」，特選丹波篠山產的最高級黑豆，顆粒飽滿碩大，熬煮時加入粗糖及甜菜做的冰砂糖，讓整體糖分不是死甜，淡淡的水果香氣是在熬煮時加入了柚子果汁而來的，充滿溫和的甘甜。店內的 Menu

1／咖啡色暖簾與老房子融合為一。2／食堂內部空間沉靜與窗外佛光寺的櫻花景緻相互輝映。

3／每日主打特餐手寫在小黑板上。4／
津乃吉的蜜黑豆、中村製餡所的煮紅豆、
麩嘉的生麩、搭配黃豆粉口味冰淇淋，嚴
選素材組合而成的完美口味。咖啡則來自
中山珈琲焙煎所。5／食堂外的優雅空間，
最適合坐下來欣賞美麗櫻花。

更說明，津乃吉的老闆對食物相當要求，卻也秉持不浪費的習慣，烹
煮過程中雖然會挑出有破損的黑豆，但會做成其他加工品。熬煮後多
餘的湯汁也會做為佃煮使用。

　　沒有特別愛吃紅豆的我，也對裡面的紅豆讚不絕口。同樣出自於京
都紅豆專門店「中村製餡所」，維持傳統做法，由於紅豆每年因水土、
雨量等不同，會產生不同味道，中村製餡所會從中選擇好吃的紅豆來
熬煮，同時根據氣候溫度修改熬煮時間，讓煮出來的紅豆溫潤好吃；
來自京都「麩嘉」的生麩，則是比乾燥的麩更具彈性，吃起來非常有
口感。

│偶遇的美食冒險│

咖啡豆則選用京都最南邊的「中山珈琲焙煎所」，咖啡達人中山修也從選豆開始親自挑選、精心烘焙，這回喝的是味道較濃、中深度烘焙的「Chil Chil」豆，口感清爽略為回甘，搭配甜點更是恰到好處。

　　每一樣看似普通的食材，都來自各地嚴選的素材，格外用心，而D&D 食堂也確實沒有辜負這些用心製作的食物，呈現出回味無窮的美味。

　　長岡賢明的目標是希望能在日本全國各都道府縣都展店，京都佛光寺這間在櫻花雨紛飛的午後，更充滿老寺深沉韻味。

D&DEPARTMENT 食堂

🏠 京都府京都市下京区高倉通仏光寺下ル新開
　　町 397

🕐 11：00 ～ 18：00；星期三休

📞 075-343-3217

@ www.d-department.com/jp/shop/kyoto

| 05 |

natu coco

歷史長屋中的創新料理

186

1／中間的空間是共用的中庭玄關。2／狹小的走廊是長屋建築的特色之一。

有別於大阪市區難波、道頓堀一帶觀光客滿溢的雜沓景象，從心齋橋搭乘長堀鶴見綠地線來到松屋町站，則是截然不同的風情。這裡可說是日本一般民眾生活的區域，雖然也有高樓，但更多老屋或平房。以前的日本，許多地方民眾都住在一種叫作「長屋」的房子裡，大家牆壁相連，有共同的玄關，彼此生活也緊密聯繫，有點類似我們的眷村建築，是早期的集合住宅形式。第二次世界大戰時，松屋町這一帶很幸運沒被炸毀，許多老長屋也得以被保留下來。尤其以空堀商店街為中心，附近有多個長屋建築仍留存，電影《豐臣公主》、日劇《孤獨的美食家》均有來此取景，老巷弄中隱藏了不少美味店家。

歷史長屋成為藝文空間

然而這批長屋建築畢竟年代久遠，有著老舊以及消防法規等安全問題，早已不符現代建築要求，自然面臨改建危機。不過當地有心人士還是希望盡量保全老屋，2001 年開始醞釀「空堀商店街界隈長屋再生計畫」。幾經多年耕耘，三棟大型長屋「惣」、「練」、「萌」分別改造完成，有些做為商家店面，有些則規畫成小型博物館。其中松屋町車站出來往後走就可看見的「練」，更是其中人氣最高的老屋改建計畫。

沿著樓梯往上爬，立刻就可看到「練」的大字，屋頂黑色的磚瓦，深咖啡色的木頭牆面以及中央庭院，老屋的風采教人沉醉。

內部小店林立，知名的巧克力專賣店 Ek Chuah 就設在門口最顯眼處，左邊有個共用的中庭，右邊小巷子中相連了幾個店家，最後則是一個大庭院。店家大部分是餐廳、咖啡廳，其中卻有一間腳踏車店以及算命小店鶴立雞群，多元性十足。

隨意逛了一下，發現許多雜貨店家挺有意思的，二樓還有和服租借店。站在二樓窗臺往外看，更能一窺這地區長屋彼此相連的景象。

創意十足的料理趣味

隱身後端的 natu coco 是兼賣雜貨與咖啡的小店，雜貨種類多元，園藝用品、生活雜貨、文具、廚房用品等琳瑯滿目，多是二手雜貨，擺設看似雜亂，反而更添隨意感。店內利用老舊家具規畫出不同區塊，每一區各自販賣不同東西，書籍也不少，以電影、插畫類較多，充滿個人特色。

3／課桌椅當餐桌，彷若回到學生時代。
4／豆腐義大利麵是從來沒有吃過的料理，味道則符合日式料理偏淡的口味。

5／natu coco 也兼賣雜貨。6／筆記本、文具區很受到女生喜愛。7／二手雜貨品項多元。

natu coco

🏠 大阪府大阪市中央区谷町 6-17-43 練內

🕐 11：00 ～ 20：00；星期三休、不定休

📞 080-2465-7493

@ natu-coco.com

　　店內桌椅來自學校舊課桌椅，宛如重回學生時代上課的發呆時光，此處也能欣賞到庭院風景。看了看 Menu，當天主推豆腐義大利麵，有點搞不清楚究竟會長成什麼樣了，於是好奇地決定嘗試一下。

　　沒想到口味超乎我的預期。首先上來的是帶點嚼勁的法國麵包，配上奶油與生菜沙拉。主菜緊接著也登場，原來豆腐義大利麵是把奶油菠菜培根義大利麵略做變化，加入一大塊嫩豆腐。豆腐真是此道料理的要角，份量十足，且與奶油醬充分融合，口感十分新奇。我曾在嵐山吃過一間義大利麵，也是加入豆腐，但並沒有跟義大利麵一起煮，而是單獨放在上方、加上一點辛香料搭配著吃。兩種豆腐料理作法截然不同，但都是找在臺灣沒吃過的方式，頗為新鮮。不禁佩服起擅長將異國料理融入自己文化特色、再發揚光大的日本人，不僅創造出獨特吃法，口味也相當不錯，就算讓義大利人來吃，也會大感驚奇吧！

06

大阪ー茨木

cafe 百花

在百年老屋消耗整個下午

| 偶遇的美食冒險 |

有別於一般觀光客常去的心齋橋、難波等大阪市南部精華區，大阪府北邊觀光客較少，但因為離市中心不算太遠，房價相對便宜，又近兵庫縣南部，是許多當地通勤族購物的最愛，也聚集許多餐廳。近來媒體更愛以「北攝」（以前這帶稱為「攝津國北部」）來稱呼，隱藏在小巷弄中的個性化餐廳、咖啡廳，相當受文青歡迎。

從 JR 茨木車站出來，已經感覺到與老舊、喧囂的大阪市區截然不同的氛圍，車站東口廣場是由知名建築師高松伸重新設計、2015 年落成，以雲為概念，並加入綠化設施，一出車站就有如在雲上的輕飄飄感。

咖啡廳五花八門、個性十足

cafe 百花距離車站不遠，一路走來多是住宅與小型店家，雖稱不上時尚，但格外寧靜。cafe 百花是由百年老屋改裝，黑瓦屋頂與不同顏色的木板，可以看出裝修的時間痕跡。除了咖啡廳，還有一個小陽臺和戶外庭院相連，其實這裡是 GLAN FABRIQUE inc. 所經營的複合式空間，包含空間設計事務所、咖啡廳、雜貨、藝廊等。

1／從落地窗看出去是一片綠意庭院，靜謐怡人。

雜貨的選擇常透露出店家的喜好，也許因為附設藝廊的關係，這裡的雜貨多帶點藝術味，以插畫風格作品居多，手作袋子、明信片、裝飾小物，還有近來相當走紅的裝置藝術家 YANOBE KENJI 相關商品。陳列的書籍、CD 也以藝術關與美食相關主題居多。

一旁的藝廊正展出插畫作品，數量雖不多，但利用老房子加上庭園、緣廊的布局，可以非常悠閒地欣賞展品。

適合消耗一下午

來訪時間是下午茶，翻了翻這裡的甜點 Menu，樣樣都吸引人，於是點了香蕉蛋糕搭配咖啡。

兩塊香蕉蛋糕非常蓬鬆地占據整個大盤子，並用草莓與巧克力醬裝飾，加上鮮奶油與薄荷葉，一盤有如聖誕節花圈般繽紛華麗的蛋糕，

2／藝廊 la galerie 不定期展出各種繪畫、雕刻、裝置藝術作品。
3／天氣好時，露臺是熱門區域。

｜偶遇的美食冒險｜

以誘人的姿態被盛了上來。微甜的香蕉蛋糕搭配鮮奶油，口感略帶濕潤，搭配黑咖啡，味覺剛好得到中和。

　　若喜歡享受陽光，相當推薦庭園座位。它的庭園設計不是鮮花與香草滿布那種洋溢浪漫的風格，而是以碎石、小盆栽為深色木作老屋做點綴，充滿復古、樸實的生活情趣。

4／不愧是文青景點，藝術與 CD 隨處可見。
5／口感鬆軟的香蕉蛋糕裝飾得宛如聖誕花圈。

cafe 百花

🏠 大阪府茨木市駅前 1-8-28GLAN
　　 FABRIQUE 1F

🕐 11：00 ～ 19：00；星期三休

📞 072-621-6953

@ glanfabrique.com/

07

兵庫—神戶

Bistrot Cafe de Paris

異國情調的浪漫晚餐

| 偶遇的美食冒險 |

1／露臺區氣氛浪
漫，彷彿置身法國。

　來到神戶，首先想到的美食多半都是神戶牛，但來到充滿歐風氣息
的北野異人館地區，不免想嘗試一下小酒館料理，位於大馬路上的
Bistrot Cafe de Paris 很自然地吸引了我的目光。

顏色豔麗的小酒館

　有著小小露臺的 Bistrot Cafe de Paris，在北野地區華燈初上時，
隱隱約約的燈光從室內透出，忍不住開始幻想餐廳內會端出什麼樣的
料理，食欲完全被挑起。

　走進內部，黃色牆壁、黑白格子相間地板及紅色桌布，熱情洋溢
的鮮豔色調與香頌音樂融合，頗有巴黎小沙龍的味道。牆壁上更
掛滿了名人簽名與繪圖，更驕傲秀出連續 4 年得到「TRAVELERS
CHOICE™ & Certificate of Excellence」最高評價獎，感覺是間頗受

2／餐廳內擺設許多名人簽名，還有電視節目報導。

歡迎的餐廳。負責櫃檯接待的是一位外國人，問他什麼好吃，他推薦了晚間套餐。

口味受歐美人士歡迎

首先端上的是開胃小菜酪梨沙拉，裝在小小玻璃杯中，酪梨綿密，沙拉雖然看來普通，但蔬菜品質不錯，吃起來很爽脆。另一道前菜是碎肉餅，置於小木板上讓視覺加分，只以些許醬料與紅胡椒粒調味，紅胡椒粒的辛辣剛好刺激味覺，與濃稠的南瓜湯搭配得宜。

三道菜的口味都算清淡，所以當主菜紅酒燉牛肉登場時，立刻讓我食指大動。牛肉份量相當足夠，紅酒燉煮也恰到好處，搭配蒸蔬菜，非常豐盛。吃完主菜我已經十分飽足，沒想到甜點更是驚人：一大盤水果派以各式水果、鮮奶油、裝飾花朵點綴，具備酸甜滋味的水果與奶油水果派調合，有如遊行祭典般歡愉熱鬧，在嘴裡併發不同甜度的喜悅。

整體口味雖稱不上驚豔，仍頗具法式料理水準，加上絕對豪氣的份量，難怪評價不俗。不過我覺得，佐以北野地區獨特的異國風情，讓這頓浪漫晚餐增色不少，且越晚老外越多，更可得知有多受歐美人士與觀光客喜愛了。

Bistrot Cafe de Paris

⌂ 兵庫県神戸市中央区山本通り 1-7-21

🕐 11：00 ～ 22：00；無休

📞 078-241-9448

@ cafe-de-paris.jp

3／清爽的開胃小菜：酪梨沙拉。4／紅胡椒粒的辛辣幫清淡的肉餅提味。5／南瓜湯加了奶油，香氣濃郁。6／主菜紅酒燉牛肉份量十足。7／視覺與味覺都繽紛的甜點。

穿梭大阪巷弄，處處是安藤忠雄隱藏的驚喜，
博物館的奇趣空間，正能展現藝術的個性
建築想要告訴我們的，不只是環境的氛圍營造，
還有與天、與海、與人合而為一的深厚情感。

五、讀懂建築的話語，藝術的關西

| 01 |

京都國立博物館

谷口吉生打造古老文化新魅力

1／谷口吉生的建築充滿細緻的和風之美，水池更讓
博物館彷若漂浮在水面。2／本館的赤瓦建築，充滿
和洋折衷的莊嚴形象。

　　位於京都市區的京都國立博物館，大概是京都最知名的博物館了。
直接冠以地區名稱的博物館，全日本共有東京國立博物館、京都國立
博物館、奈良國立博物館、九州國立博物館四座，其他尚有包括東京
國立近代美術館等國營的各類型美術館、博物館。這座屬於日本國家
級的博物館，地位類似故宮南院，收藏品也以日本傳統藝術為主，尤
其集中在平安時代到江戶時代，以京都為中心的文化財為主。

新與舊交相輝映

　　熱愛建築的我，這回特別想要參觀兩年前才剛開館的平成知新館。
日本的美術館、博物館相當重視建築設計，總是找來知名建築師操
刀。平成知新館找來設計過紐約現代美術館新館、東京國立博物館法
隆寺寶物館等，被譽為是「世界最漂亮美術館建築師」之一的谷口吉
生設計，一開幕就吸引許多建築迷前來朝聖。

　　谷口吉生的建築風格優雅細緻，笨重的建材到了他的手中彷彿都變
得輕盈。擅長運用超薄幾何結構搭配大片玻璃的他，最愛將水景結合
於建築物前，讓建築充滿禪風。平成知新館前方的水池，更讓建築像
浮在水中般，隨著水波晃動的倒影，增添幾分柔性之美。從館內看，

3 ／吉祥物 TORARIN 的商品非
常暢銷。

立面與多垂直線條，加上透明與半透明採光，視覺變得清爽舒適。

　有別於平成知新館的現代模樣，本館明治古都館與正門則是不折不
扣的早期和洋折衷建築。1895 年由當時的宮內省內匠寮技師片山東
熊設計，搭配前方噴泉，赤瓦建築，展現出當時流行的宮廷派華麗莊
嚴氣勢。

可愛的鎮館吉祥物

　有別於平成知新館的現代模樣，本館明治古都館與正門則是不折不
扣的早期和洋折衷建築。1895 年由當時的宮內省內匠寮技師片山東
熊設計，搭配前方噴泉，赤瓦建築，展現出當時流行的宮廷派華麗莊
嚴氣勢。

　博物館吉祥物「TORARIN」的出現，不只讓喜愛吉祥物的我大感
驚喜，參觀民眾也立刻蜂擁而上，足見 TORARIN 受歡迎的程度。

TORARIN 是一隻老虎，其靈感來自京都國立博物館的一樣重量級館藏品——江戶時代知名畫家尾形光琳的「竹虎圖」。畫中在竹林玩耍的老虎有著惡作劇般的眼神，成為 TORARIN 最傳神的特徵。TORARIN 本名為「虎形琳丿丞」，正是以畫家尾形光琳的幼名「市之丞」來命名，虎、琳的日文發音簡稱就成了「TORARIN」（トラりん）。

TORARIN 乍看之下有點兒猛，其實超級搞怪可愛，常常會在地板上耍賴，讓小朋友樂於親近。嚴肅的博物館有了這個親民的吉祥物後，不僅在推廣活動時更受年輕人與親子族群歡迎，也替博物館贏得許多商機。

4／活潑逗趣的 TORARIN 深受遊客歡迎。5／TORARIN 的發想來自尾形光琳的「竹虎圖」。

6／博物館與許多知名品牌合作推出限定紀念品。7／總務課長植田義雄開心拿著有他的插畫像的伴手禮合照。8／紅色的草莓鬆餅與綠色的抹茶拿鐵，鮮豔對比色充滿食欲。

精品伴手禮頂級質感

博物館內的紀念品販賣區，光是 TORARIN 的相關紀念品就眼花撩亂，是最暢銷的伴手禮。此外還有與知名品牌合作的聯名商品，如與和菓子名牌「虎屋」合作的點心；與京都知名和菓子老舖「鍵善良房」合作的高級禮盒，以阿波產的和三盆堂為底，從琳派畫家的「鶴圖下繪和歌卷」為模底，並把糖果盛裝於開化堂的手工茶筒中。質感與製作的用心程度，讓人對伴手禮粗糙的印象完全改觀，自然售價也十分精品化。

使用京都素材做的餅乾禮盒，外包裝更巧妙畫上館方工作人員的插畫圖樣，總務課長植田義雄特別拿著印有他畫像的禮盒，開心地向我介紹。從博物館琳瑯滿目的商品中，再次見識到文創的多元魅力，以及用心推出自製商品，拉抬在地傳統產業的心思。

京都食材西式烹調

博物館共有 2 間餐廳，平成知新館 1 樓的「The Muses」由凱悅飯店經營，提供正式套餐，將許多京都食材以西式手法烹調，頗為精緻；而位於南門的咖啡廳，則是由京都老牌咖啡廳「からふね屋」經營，透明玻璃的建築能一覽博物館最美麗的風景，彷彿坐在玻璃盒子中。

我點了看起來很可口的草莓鬆餅與抹茶拿鐵，繽紛的對比色讓午茶時光更為浪漫。鬆餅酥酥軟軟搭配奶油與冰淇淋口感酸中帶甜，彷若初春新綠的抹茶，喝在口中更充滿一種幸福滋味。

館方人員更極力推薦傍晚的魔幻時刻，果然夕陽西下後趁著天色仍是湛藍，平成知新館的水波在建築物點燈後更是迷人。透過立於水中的細長柱子觀望本館，歷史的餘韻隨著時代進步被賦予新意，京都國立博物館這個招牌老字號收藏家，也在披上新時代新裝後，繼續肩負文化傳承的重責大任。

京都國立博物館

🏠 京都府京都市東山区茶屋町 527
💲 大人 ¥520；大學生 ¥260
🕒 9：30 ～ 17：00，六、日至 20：00；星期一休
📞 075-525-2473
@ www.kyohaku.go.jp/jp/index.html

9 ／咖啡廳透明的玻璃可欣賞到博物館之美。10 ／庭園中的茶庵充滿幽靜禪意。

MIHO 美術館

貝聿銘的現代世外桃花源

1／大廳的鋼架結構與玻璃天幕切割出繁複線條，搭配光影變化與景觀，是美術館最精華之所在。

　　從京都車站搭火車來到石山站，雖然車程只要十幾分鐘，人潮明顯減少許多，正雀躍可以不用人擠人之餘，石山站轉往 MIHO 美術館的公車站牌前早已大排長龍景象，這還是個平日早晨呢。

　　「哪來這麼多人潮，美術館居然這麼熱門？」我暗自思量著是否排錯隊伍，結果答案完全令我失望。這下好了，人這麼多，一小時才一班的公車真的擠得進去嗎？這是第二個擔心的問題。還好人雖多，巴士還是把排隊人潮全部收留，只能祈禱大部分的人會在沿路下車，不一定每一個都是要去美術館的。豈料整車九成以上都是要前往美術館，讓我大感驚訝。

　　儘管前往美術館的交通不算方便，大約要耗上近一小時車程才會到達，一天沒有幾班車，裡面仍然一如預期夾雜了幾位臺灣旅客。一路上大家興致勃勃，無論日本人還是臺灣人，談話間都對哪來這麼多觀光客，展現訝異之言。

迎面而來的春櫻相迎

　　巴士快要到達時，已可見到 MIHO 美術館的入口建築，纜線在晴空中拉出優雅天際。入口處，整片粉紅色枝垂櫻夾道相迎，美得讓人捨不得前進。「緣溪行，忘路之遠近。忽逢桃花林，夾岸數百步，中無雜樹，芳草鮮美，落英繽紛。漁人甚異之，復前行，欲窮其林。」陶淵明筆下《桃花源記》，被華裔建築大師貝聿銘鮮活的詮釋於滋賀

207

2／進入美術館前會先穿過一個隧道。3／一下車就迎來一片粉紅枝垂櫻，宛如進入陶淵明的桃花源世界。4／隧道口由纜線拉出的天際線張力十足，後方就是美術館。

信樂山林之中，是春櫻季節遊客來此的第一個感動。

　　櫻花美得不可方物，一位西方遊客在山洞入口前，靜靜抬頭望著垂下的櫻花，不發一語的出神景象也讓我癡迷，拿起相機記錄下這個動人瞬間，就像閱讀詩句般銘記於心，難以忘懷。

　　前往美術館前會先經過一個山洞，循著入口處亮光前進，真的像是陶淵明詩中漁人進入桃花源的小徑。「山有小口，髣髴若有光。便舍船，從口入。初極狹，才通人。復行數十步，豁然開朗。」雖然不用捨棄船隻，步行於隧道中，在出洞口處迎接我們的，依然是豁然開朗的自然境界。

　　剛剛在巴士上看到的纜線，就是洞口外的景象，藍天白雲中，纜線畫過天際，背後是一片翠綠山林，位於後方的美術館主體建築，在張力十足的纜線後與自然共榮，光為這片美景，稍早的交通不便已不算什麼。

建築神似廟宇，光影迷人

　　貝聿銘打造的 MIHO 美術館，外觀神似廟宇又有點像簡化的合掌屋，幾何形狀玻璃構築出天花板，映射著天上的浮雲光影。入口一扇「夢之扉」，圓形玻璃可穿透望見對面的赤松群山，巧妙開啟館內與館外對話空間。

　　進入大廳，屋頂的金屬鷹架與玻璃天幕，看似簡單的幾何切割卻層層拉出繁複線條，搭配光影變化與周遭景觀轉換，是美術館最精華之所在，可在此凝望甚久。玻璃的牆壁更把遠山與周遭景觀融入，日式建築中愛用的借景美學，在此發揮極致。大廳靠窗的實木長椅，更成為遊客欣賞建築之美的休憩一角。

　　不知為何，總覺得 MIHO 美術館的大廳讓我聯想到埃及金字塔，無所不在的三角形設計，充滿神祕氣息。巧合的是，MIHO 美術館主要收藏品中，有一大部分正是來自埃及，不知是無意還是原先就安排好的。唯一的差別只在金字塔不透光，MIHO 處處透光，即使有一大部分建築規畫於地下。

5／美術館彷若神社與合掌屋的綜合。6／夢之扉圓形的玻璃可穿透館內，從外面可一眼看到赤松與群山。

美術館由公益財團法人秀明文化財團負責營運，收藏品主要來自宗教團體神慈秀明會的會長小山美秀子個人收藏，除了埃及雕像，還有希臘羅馬、中東、中國、日本等地繪畫、雕刻等，可以說是日本私人美術館中館藏相當豐富的展館。展覽的作品和宗教關聯性並不大，美術價值也相當高，國際評價更不在話下。

　　也許因為整體氣氛神祕，我特別喜歡南館的埃及、希臘、羅馬區，加上建築除了玻璃之外還用了很多大理石，隆重莊嚴的風格，似乎更符合展品的呈現。

咖啡廳嘗得到自然風味

　　美術館的咖啡廳強調使用自然食材，符合神慈秀明會倡導的「秀明自然農法」精神，不施農藥自然耕種，也和桃花源的農人遵循古法的精神不謀而合。

7／充滿幾何形狀的美術館，可窺見許多三角形元素。

8／咖啡廳內可飽覽信樂山景色。9／
餐點均採用自然農法，繽紛色調和櫻花
季浪漫氣氛吻合。

MIHO 美術館

⌂ 滋賀県甲賀市信楽町田代桃谷
300

$ 大人 ¥1100；高中、大學生
¥800；中、小學生 ¥300

🕐 10：00 ～ 17：00；星期一休（冬
季休館）

📞 0748-82-3411

@ www.miho.or.jp/

　　我點了三色果汁與草莓蛋糕，果汁鮮豔的三層色調特別適合春櫻季
節，搭配不會太甜膩的草莓蛋糕，是最浪漫的午茶滋味。尤其喜歡這
咖啡廳的食器，全部都是自行設計，每一件上面印有 MIHO 的頭文
字「M」LOGO，宛如山林般的字樣和美術館立於山間的氣韻相符。
咖啡廳的視野也和大廳一樣寬闊，盡享山林擁抱滋味的小小歇息，最
能感受桃花源之意境。

　　春櫻午後，離開位於信樂山中的桃花源，腦海中還是那片粉紅枝垂
櫻，就像漁人離開桃花源時的依依不捨。好在這處人間桃花源真實存
在，不會像詩句中離開了便再也無法覓得，希望下回紅葉時節再訪，
從隧道中望向那一片楓紅世界，進入更令人迷醉之豔麗。

| 03 |

大阪府立近飛鳥博物館

安藤忠雄以建築思考生死

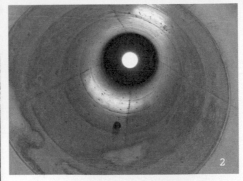

古墳群聚集處「近飛鳥」

生與死是人生兩大課題，對有權有勢的人來說，死後的墓地與生前的豪宅兩者同樣重要。人類史上最著名的生後豪宅首推埃及金字塔，耗費大量人力物力所建，至今仍是建築史上不可思議奇蹟之一，有許多難解的機關與金碧輝煌的裝飾與陪葬品，象徵法老王想把生前的榮華與權勢繼續帶往黃泉之國，也是等待死而復生的重要基地。

日本歷史上也有一段古墳時期，大約在西元 3～7 世紀期間，統治者為了彰顯權勢大量建造古墳，至今在近畿一帶仍留下許多遺跡，尤以「前方後圓」的陵寢居多。大阪府立近飛鳥博物館所在地附近正是古墳群聚集處，包括日本天皇、聖德太子、小野妹子等日本歷史人物，多達兩百多座，可謂古墳時期墳墓大本營。因此近飛鳥博物館希望成為展示、研究古墳的基地，更找來知名的建築師安藤忠雄操刀設計館體。

3／安藤忠雄慣用的狹長走道設
計。4／屋頂天窗引入自然光線。

「近飛鳥」名稱出自於日本《古事記》中，是反正天皇從難波前往大和石上神宮途中停留的地名，較近的一方稱為「近飛鳥」（近つ飛鳥），指以飛鳥地方為中心的大阪府羽曳野市；較遠的稱為「遠飛鳥」（遠つ飛鳥），為現在的奈良縣高市郡明日香村。

漫步風土記之丘

博物館所在地交通不太方便，若選擇大眾交通工具，最方便的是搭乘公車，但一小時只有 1 ～ 2 班，來的人多半都是衝著安藤忠雄的建築。到站後，首先看到的是一片公園為「近飛鳥風土記之丘」。此處種滿樹木，初春的梅林、初夏的新綠、秋天的紅葉、還有水塘，充滿季節之美。穿過這段祕境般的林道進入內部，身心先沉澱不少。中間還有一個涼亭建築，使用安藤忠雄最愛的清水模，但人煙稀少，停下腳步的人似乎不多。

散步一小段路後，終於看見博物館建築，側面斜坡的大階梯最引人

注目，上方有兩個方形建築。大階梯氣勢驚人，安藤忠雄順應地勢而建，成為博物館醒目象徵。

　　內部主要展館往下延伸，還有許多關於古墳時代的墓穴、器具、陪葬品等展示，密閉空間讓人覺得建築本身就是個大型墓穴，安藤忠雄自己也稱之為「通往黃泉之國的旅程」。只有中間某個部分利用天花板的玻璃引進戶外陽光，才終於看到一絲天光。

　　內部還使用許多對稱的希臘圓柱、圓形廣場等布局、十字架意象，都是後來常在安藤忠雄建築作品中可見的語彙，讓我覺得十分奇特。展示與日本歷史息息相關的博物館，為何有這麼多西方印象？不知道安藤忠雄是否想表達不管是東西方、哪一種宗教，對生死的課題與看法，其實都是相同的。

5／從這個矩形的建築可搭電梯前往地下的博物館。

｜大阪府立近飛鳥博物館｜

6／展覽空間彷若大型古墳。7
／可口的鬆餅單點 ¥350，搭配
咖啡或紅茶為 ¥600。

　　安藤忠雄順應地勢高低建造了許多階梯，希望做為多功能活動場
所，而遊客更喜歡在階梯上小坐片刻，欣賞景色以及建築魄力。若
開車前來，會直接看到建築物本身，並從階梯這頭進來，感受截然不
同。然而，常有人會找不到入口，因為當你爬到最高處，又必須折返
到中間才有電梯，或從旁邊狹長走道往下再進入內部空間。不知道哪
裡才是入口，又好幾個地方都是入口，也常是安藤忠雄想營造的趣味
之一。

　　後來看到館方空中鳥瞰圖後，更忍不住發出會心微笑。從空中鳥
瞰，博物館本身就像一個「前方後圓」古墳。常有人說這樣的形狀很
像現在的鑰匙孔，博物館上方一條筆直、細長的走道，更像是一把想
要打開黃泉國通路的鑰匙。安藤忠雄巧妙的布局，也讓這座博物館贏
得「建築業協會獎」。

　　位於一樓售票口對面的博物館咖啡廳，面積雖小，菜單卻非常多
樣，尤其甜點有冰淇淋、聖代、日式甜點、鬆餅，種類之多讓人訝異。
下午茶套餐的鬆餅淋上甜甜的蜂蜜，加上略帶鹹味的奶油，甜鹹交錯
的口感相當不錯。

｜讀懂建築的話語｜

安藤忠雄更替咖啡廳設計了一個小窗景，牆壁上開了一個四方形的小洞，後方正好是一株櫻花，格外有意境，成為博物館不可錯過的美麗一角。

大阪府立近飛鳥博物館

🏠 大阪府南河內郡河南町大字
　　東山 299 番地

🕐 9：45 ～ 17：00；星期一休

📞 0721-93-8321

@ www.chikatsu-asuka.jp/

兵庫縣立美術館

安藤忠雄建築裡的山海密碼

1／港口側可一次看到三棟展廳與大階梯的設計。2／港口這帶有一個圓形的小座位區，像是小型競技場。

　　安藤忠雄出生大阪，阪神大地震後百廢待舉，以關西為主要工作據點的安藤忠雄，在各地政府與公私單位邀請下設計了許多建築。來到關西，常能與大師的建築不期而遇。

以藝術復興文化

　　搭乘阪神電車從岩屋站出來，沿路上建築物新穎，多半都是阪神大地震後才建設，這裡被稱作神戶東部新都心，還推出所謂「HAT 神戶」東部新都心計畫，兵庫縣立美術館的建立更是重要文化復興的指標。因此放眼所及，無論是看板或傳單都是介紹兵庫縣立美術館，當地人對它還有「藝術之館」的暱稱。從車站通往美術館的道路上，可見許多公共藝術，足見日本各城市近來愛用藝術推廣觀光的企圖心。

　　兵庫縣立美術館占地非常大，是港口整備的一環，從大馬路這頭與後方港口那頭望出去的風景截然不同。遊客多半從馬路這側進來，但其實港口測更能看出建築物的企圖心。美術館主要有 3 棟，中間彼此相連，最下方面對港口還有一個長階梯，近來頗受矚目的日本藝術家 Yanobe Kenji（ヤノベケンジ）知名的作品──「Sun Sister」巨大雕像就矗立在海邊，長得有點類似原子小金剛的主角穿著太空服，充

滿童趣印象。少女手上的「光輝太陽」，象徵對未來充滿希望，彷彿在為阪神大地震後的重建打氣。

以建築呈現山海相連

興建兵庫縣立美術館的計畫是以公募方式徵選，2002 年正式開幕。安藤忠雄結合地形，環繞展廳四周的玻璃迴廊，讓光影變化成為最迷人所在。館內路線複雜，很容易在裡面迷路，也成為遊客恣意探索的一大樂趣。

其中連接展覽棟與藝廊的圓形露臺更是經典，象徵海與山相連的概念，從這可通往一樓大門、停車場與二樓室外區域，往上攀爬則分別

3／象徵希望的「Sun Sister」。
4／內部展覽空間利用多樣的光影變化，相當迷人。5／讓人心情舒爽的迎風臺。

兵庫縣立美術館

⌂ 兵庫県神戸市中央区脇浜海岸通
　1丁目1番1号
$ 大人￥510；65歲以上￥255；
　大學生￥410；高校生￥260
🕙 10：00～18：00；星期一休
📞 078-262-0901
@ www.artm.pref.hyogo.jp/

6／面海的餐廳視野一流。7／
牛肉咖哩飯份量十足，口味不
錯。8／圓形露臺是最經典之
處。

來到望山、望海臺，是欣賞新都心景色最棒之處。展廳中間的長樓梯
則是迎風臺，迎面而來的海風，建築物間留出的藍色天空，都讓人心
情舒爽。

　美術館餐廳設在面海這一側，視野遼闊，餐點選擇不算多樣。既然
來到神戶，就想吃神戶有名的牛肉。點了牛肉咖哩飯，雖然看似簡單
但日式口感不會過於濃郁，擺盤更是十分豪氣，橢圓形大盤子盛裝還
附加生菜，飽足感滿點。

| 05 |

神戶北野美術館

穿梭百年歲月的古典洋房

1／北野異人區就彷彿一座
大型的建築博物館。

　神戶是日本早期對外開放的港口，外國人自然較多，加上北野地區
從三宮車站出來往山上走，視野良好，能看到神戶港優美的風景，許
多外國人都在此定居，後來更有國外領事館進駐於此。時至今日，一
棟棟氣派的歐式洋房被保留下來，成為遊客最愛觀光地。

　在神戶北野異人館街道散步，總是有置身歐美街道的錯覺，不僅許
多歐式洋房散布其中，外國人群聚也加深了西洋風貌。尤其房子都建
在小坡道上，穿梭巷弄中彷若迷宮探險，一下看見歐式大洋房中有穿
著古裝的 Coser 或商家服務人員出沒，一下又撞見某個西式婚禮正在
隆重舉行，每個轉角都有不同驚喜。

百年洋房成為美術館

　我順著山坡小巷弄來到神戶北野美術館，規模比外面街道上的英國

館、法蘭西館小很多，白色木造的房子，還有一個小庭園，不太起眼卻很溫馨。這座建立於 1898 年的建築以前是舊美國領事館官舍，現在做為美術館使用，不定期舉辦各種特展。

　　一旁附設的小咖啡廳更是大走溫馨可愛路線，鄉村風裝潢，在沙發、椅子坐墊上運用大量自然系圖案，窗邊裝飾著許多小鳥與畫作，彷彿踏進童話森林。咖啡廳的甜點以鬆餅為主，我選擇同樣森林系的抹茶鬆餅解饞，香草冰淇淋搭著抹茶醬，再加上一點紅豆，和洋混合，與北野地區浪漫異國風情不謀而合。

2／餐廳充滿鄉村風，彷若進入森林般悠哉。

3／和洋風味的
抹茶鬆餅。

神戶北野美術館

⌂ 兵庫県神戶市中央区北野町
2-9-6

$ 大人 ¥500；小學生 ¥300

🕐 9：30 ～ 17：30；不定休

📞 078-251-0581

@ www.kitano-museum.com/

　走出外面時已是傍晚時分，除了餐廳，各個參觀點幾乎都要打烊
了，人潮也漸漸散去，留下不那麼喧囂的異人館街道，是我認為最美
的時刻。伴隨夕陽金光，漫步石頭坡道，步伐也比剛剛更為輕盈、悠
閒。

　一邊迷戀著異人館街道傍晚浪漫的氣氛，一邊回味抹茶鬆餅和洋混
合滋味，散步在華燈初上迎接夜晚來臨的街區，海風中感受神戶的浪
漫異國味。

用一泊二食體會日式服務的精緻細膩，
家庭民宿更讓你走入尋常的日本生活。
在設計旅館留宿，每一分每一秒都感受到
生活的美好就在細節裡。

六、休息是為了再出發，意猶未盡的關西

| 01 |

HOTEL KANRA

時尚旅宿融入京町家印象

| 休息是為了再出發 |

1／旅館位於巷弄，顯得格外幽靜。2／天花板燈光會隨著季節變幻不同顏色，是旅館的一大特色。3／隨意的植栽都是美麗一角。

　　古地名常常出現在文學場合中，念起來似乎也比現代名稱多了點韻味。來到京都，常常可以看見「洛」的稱呼。說法來源很多種，大抵指的是京都市區以前有「洛中」之稱呼，「洛」也成為京都簡稱之一。

　　位於下京區的 HOTEL KANRA，就從「洛」字發想，名稱的「KAN」漢字代表為「感」、「RA」則為「洛」，加起來的意思就是用心去感受京都的美麗、智慧、日式款待之意。

木作搭配綠色，柔和舒服

　　旅館所在地雖在烏丸通六条的大馬路上，但稍微遠離鬧區，沒那麼喧囂。從小巷中的入口進去可看見石製洗手缽與木作露臺，沒有正式的大庭園，仍製造出幽靜氣氛。

　　一進入大廳，即可看到最具特色的天花板，切成一格格多角形的木板，邊緣配上燈光，再加上家具下方的打燈，整個空間給人漂浮之感。這些 LED 燈還會隨著季節與顏色變換，營造四季旨趣，成了旅客來此的第一個驚喜。

4／客房以京町家長屋設計
為概念。5／柔和的燈光營
造出町家風味。6／小細節
也十分用心。

負責接待的櫻井小姐替我介紹旅館的設計，以傳統京町家為概念的
和風時尚設計，從大廳往前望就可見外面露臺，就取自日式老房子中
庭、緣廊概念。

客房入口大門運用京町家的木頭格柵拉門，透過玄關的點燈，靜謐
而優雅。房間以京町家長屋為靈感，入口走道彷若通往庭院的路地，
長形洗手檯則類似町家中的廚房洗手檯，將旅客引入後方的客廳與臥
室。

小細節透露美學巧思

許多小裝潢更是透露出美學巧思，運用畫作、插花、石頭、枯枝創
造出和風意境，每個角落都可單獨成為一種展示區，也把京都印象濃
縮在一隅。

｜休息是為了再出發｜

床的四周用木作圍出自己的空間，綠色的配色相當好看，有一種森林的感覺。家具也多是木作的，配上溫和的燈光，十分柔和溫馨。浴室雖然不大，但檜木獨立浴槽是最大賣點，放入熱水後，淡淡香氣隨著水蒸氣布滿浴室，角落更用白色石頭製造出宛若枯山水印象。

HOTEL KANRA 和 HOTEL ANTEROOM KYOTO 都隸屬於 UDS 集團，旗下營運項目包含旅館、餐飲、建築設計等。這回雖然沒有在餐廳用餐，但簡介上寫著使用愛宕山的名水烹調，同時選擇在地食材，細膩的講究，顯示出京都人的堅持與驕傲。

走出旅館時，剛巧看到幾位入住的外國遊客，牽著市區租來的腳踏車準備展開市區觀光，我也對這個適合漫遊的城市，又多了一種好奇與期待。繼續踏上旅途的我，今天又會有什麼新發現呢？

7／檜木浴槽是另一大特點。
8／旅館設計的紀念品，結合京都傳統之美。

HOTEL KANRA

⌂ 京都府都府京都市下京区烏丸通六条下北町 190

☎ 075-341-3815

@ www.hotelkanra.jp/

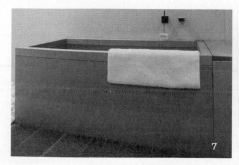

| 02 |

9h nine hours

膠囊旅館也能很有型

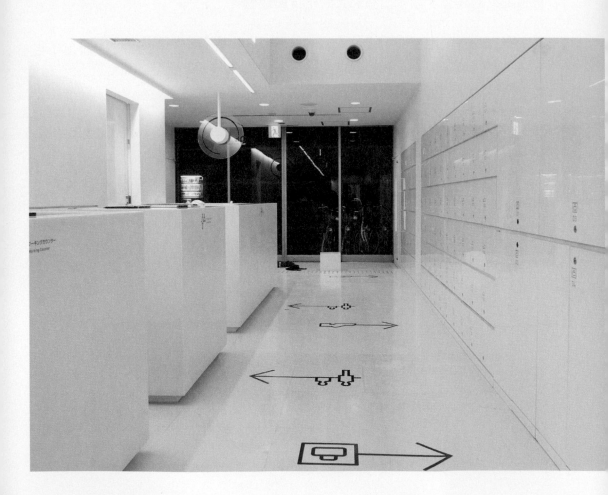

| 休息是為了再出發 |

1／旅館的設計得過「Good Design」
設計獎。2／旅館內的設計都以符號
與數字為主。

　　櫻花季期間來到京都處處都是人潮，不管旅館還是餐廳，若不早早安排，實在一位難求。因為臨時變更行程，市區中價格還能接受的旅館都已客滿，在訂房網站上看到這間由知名設計師柴田文江設計，得過「Good Design」設計獎的旅館，猶豫再三後，還是決定試試。

　　說是猶豫再三，因為對我來說實在是一大挑戰。膠囊旅館給人的感覺似乎比較適合年輕背包客入住，年紀老大不小又怕吵的我總覺得有點違和感，加上行李頗多，這種公共空間利用起來總是不方便。但眼看訂房網站上的選擇實在不多，索性就當作一次特殊體驗吧！

一人旅行的便利選擇

　　旅館外觀一如網站上看到的一片白淨景象，但畢竟不是清場時間，許多雜物、雨傘、溼答答的地面，完全沒有想像中那番和敬清寂的情境，頓時有點略感失望。但想想，網站上的照片是特別設計好才拍攝的，當然不能跟實際使用畫上等號，立刻笑起自己的不切實際。

　　還好入住的一切體驗對我來說都十分稀奇，Chcek-in 時櫃臺人員把鑰匙、牙刷、拖鞋、睡衣等交付給你，室內需要脫鞋才能進入，雨

傘也放在公用區域，旅館還有自己的傘套，同樣設計有形。唯一的小小不便是濕漉的鞋子只能鎖在鞋櫃中，無法透氣烘乾。

　　大型行李可以放置在櫃檯前方放置處，由於是開放空間，所以貴重物品請自行管理，不過旅館倒是提供一個貼心服務。若你有需要寄放的物品，可以免費提供有鎖的櫃子，只需登記即可。

9h 是充足的休息時間

　　旅館名稱「9h nine hours」原本的意義主要是指經濟型、商務型旅客一般待在旅館的時間，1 小時洗澡＋ 7 小時睡眠＋ 1 小時休息＝ 9 小時，不過算算我使用的時間，絕對超過 9 小時。睡覺的地方自然是膠囊空間，不方便大家聊天，一樓後方的公共區就成為大家交誼的地方。有別於其他許多京都旅館，日本人與亞洲面孔居多，這裡歐美年輕旅客就占了一半，也可看出膠囊旅館吸引的族群特色。

3／淋浴區放置衣物的櫃子，
設計簡單卻很有型。4／上
下錯開的膠囊空間，像是進
入太空艙。

旅館對安全的考量頗為周到，特別區分男女樓層。大量運用符號與數字設計，洗澡間就畫上淋浴符號，櫃子就畫上一個鎖頭，男女也用黑紅人形圖案做區別，十分可愛。膠囊區很安靜，燈光也全部轉暗，只有下方有明亮的地燈，同時用數字標上每個膠囊的代號，不至於迷路，但這時腦海中突然出現以前讀書時曾待過的 K 書中心，不禁莞爾。膠囊呈現上下錯開的方式，有點像太空艙，空間其實很大，一個人塞進去打滾也沒問題，若要打坐也十分足夠。只是燈光較暗，看書就很吃力了。

所有功能按鈕都在床頭，插座、鬧鐘、燈光，簡單的按鈕符號，一目了然。因為不是一般旅館，自然沒有電視等娛樂設備，再加上膠囊區就是純粹讓大家休息的地方，不宜發出過多聲響干擾他人。

旅館床鋪舒適度尚可，旁邊人的動作聲雖然可以聽到，但還不至於太吵。初體驗的過程其實新鮮感大過不便，也成了我在京都特殊的回憶，彷彿回到學生時代在青年旅館住宿的感覺。只不過對於東西很多，且習慣東摸西摸、處理事情的長途旅人來說，膠囊空間就真的有點不方便了。

迷戀上設計的旅人，總有時候會有些意料之外的體驗。

9h nine hours

⌂ 京都府京都市下京区寺町通
　四条下ル貞安前之町 588
☎ 075-353-7337
@ ninehours.co.jp/kyoto/

| 03 |

HOTEL ANTEROOM KYOTO

藝術結合設計的嶄新體驗

8.8

| 休息是為了再出發 |

結合藝廊的複合設計

京都車站大概是所有旅客來到京都的第一個造訪地，從車站一出來無論往北、往東、往西都有許多觀光景點，只有往南才是比較安靜的住宅區。IIOTEL ANTEROOM KYOTO 位於京都車站南邊，旅館與車站距離不算遠，這裡以前是一間職業學校，建築設計與內裝由中原典人、青木耕治擔當，經過重新改造後，變身為旅館與藝廊，立刻成為話題。

館內最大特色是入口處的藝廊「GALLERY9.5」，代表旅館介於京都九条和十条中間的位置。一進來就可看見當紅藝術家名和晃平以發泡材質創作的小鹿「SANDWICH」，也收藏了包括南孝俊（Nam HyoJun）、川上俊、高田幸平等藝術家作品，同時不定期推出各種企畫展，難怪許多藝文人士熱愛來此。

簡約素雅的日式放鬆

旅館設計走簡約風格，白色素雅牆面是日式居家最愛用色系，簡簡單單放置幾張畫作，檯燈、備品也是俐落有形的工業風，木頭桌子簡

1／名和晃平以發泡材質創作的小鹿「SANDWICH」。

單刻畫的凹槽，可以輕鬆放置文具與小東西，細緻的聰明好設計簡直讓我想搬回家中。客房不使用一般旅館常見的房卡，而是以精緻的皮鑰匙套包覆鑰匙，非常具有質感。其中最具特色的房間當屬附陽臺的雙人房，可以走到陽臺乘涼，為了兼顧隱私，還特別打造牆壁，不至於一眼望穿。

　　旅館一樓的酒吧非常有氣氛，幾乎每個入住的旅客都會找時間到酒吧小酌一番。吧檯處放著日本藝術家川上俊宛如江戶時代狩野派金碧輝煌的畫作「Moon」，座椅也都出自於知名設計師，並且有好幾種風格。夜晚桌面放上小燭臺，增添華麗迷炫感，點杯小酒，聽聽音樂，和友人閒聊當天所見所感，或者是討論第二天的行程，都是非常舒服的放鬆時刻。

2／擅長以氣球做時尚設計的「Daisy Balloon」展。3－4／酒吧區設計時尚，入住旅客愛來此小酌一番。

｜休息是為了再出發｜

5／早餐每天更換不同主餐，
連住旅客不會吃膩。6／餐廳
每天手工製作的蘋果派，一早
就充滿小確幸。7／餐廳每一
區的設計都略有不同。

早餐精緻新鮮，每天都教人期待

在此停留的幾天中，每天最大的期待就是早餐。這裡的早餐非常有特色，小型的自助區雖然菜色不多，但食材新鮮，均取自在地食材供應商「坂ノ途中」的季節性蔬菜，希望減少食物旅程。另有專人在吧檯提供兩種主餐：口袋餅和蔬菜卷，但為了不讓連住的旅客吃膩，每天會更換主餐配菜。令我印象深刻的還有現做的蘋果派與烤蛋白霜，做得十分精巧。

每天用餐時我都刻意選擇不同區域，因為這裡每個區域的設計也都不同。韓國藝術家南孝俊的畫作放在最裡面的牆上，大大的木頭桌椅與吊燈彷彿置身夜店，大片落地窗還可看見窗外景色。有些小桌子上隨機放置了幾款不同材質的蘋果裝飾品，不禁想起日劇《戀愛世代》中的 Tiffany 水晶蘋果。餐廳時尚的場地布置，也成為許多活動的舉辦場地。

一樓還有個小中庭，平常不太對外開放，裡面的綠蔭倒是為酒吧、大廳帶來清幽的視覺轉換。負責導覽的上田小姐提到，這裡常有臺灣旅客入住，她也很喜歡臺灣，近期更打算造訪臺南，旅遊兼考察。的確，HOTEL ANTEROOM KYOTO 的風格和臺南幾間設計旅館氣味吻合，同樣結合不少在地文創，旅館也設有一區販賣自製商品，看來對於文創，大家英雄所見略同。

HOTEL ANTEROOM KYOTO 的細膩，也讓我對京都設計旅館留下特別的印象。

HOTEL ANTEROOM KYOTO

⌂ 京都府京都市南区東九条明田町 7 番
☎ 075-681-5656
@ hotel-anteroom.com/

8／牆上掛著南孝俊的「Portrait of Audrey Hepburn」。

日本百合庵

獨享星空、古樸的奢華享受

日本百合庵是我在日本第一次入住的民宿，沒想到就有眼睛為之一亮的驚喜。當座車轉了好幾個彎，來到一片田野間，遠遠地看到幾個茅草小房，立刻開始對眼前的鄉間生活充滿想像。車子停下的那一剎那，因為看見民家前面的火把，有種來到南國島嶼的興奮感。不過這樣的念頭很快就被一連串正宗的日式體驗給取代，讓我回到日式民宿的實感中。

民宿主人多才多藝

庵主松林先生早在一旁迎接，他解釋使用火把是因為許多客人會在此享用 BBQ，夜晚也會在營火下賞星星閒聊，才設置了這些。

還沒一探百合庵真面目，松林先生就先用「手裡劍」歡迎我們。這是日本忍者專用武器之一，是星星狀的手擲飛鏢。松林先生當場示範，看起來好像很容易命中目標，實際一擲才發現大師是有練過的，新奇的體驗讓大家相視而笑。

百合庵看起來類似合掌村的茅草老房子，吊掛的燈飾閃爍出的光暈，已經讓我們的相機停不下來。緊接著重頭戲上場了，松林先生先

1-2／有著緣廊的日式老屋，
白天、夜晚各有不同景象。

242

3／圍爐是日式老宅中
常有的設施。

拉開右半邊的拉門，牆上寫著蒼勁有力「藏王」兩個大字的書法，中間地板上挖出的四方空間鋪上灰燼，上方吊了個大型鉤子，只要放入木材就可用來煮水、煮火鍋、取暖，這是以前日本民家常會用的圍爐裡，也讓旅人消去不少寒意。

松林先生手指著上方，示意我們往天花板看，眾人立刻發出驚呼讚美聲。用竹子搭建的天花板內部經過一番整修，燻成黑色的竹子與上方綁的淡色繩子，交錯出與鄉間民宿頗為不同的時尚氣氛。

就在此時，松林先生再把左方拉門拉開，眾人再度發出一陣驚呼。整排落地拉門可以完全欣賞到外面的田園景色，今晚整片田園都被我們包場，一想到此，就覺得相當興奮。

處處都是驚喜

廚房中的木製大桌子是最具份量的主角，面對窗戶旁有一個小吧

4／尺八老師的表演讓餘興節目
進入高潮。5／豐盛的火鍋套餐。
6／日劇常見的烤飯糰,這回可
以自己動手體驗。

檯,腦中立刻迸出「明天早餐就決定在這裡吃」的聲音。廚房同樣
也隱藏小小的驚奇,水龍頭可以自動感應流水,再碰一下就會自動關
閉,傳統的木造房子中竟然出現如此多科技產物,傳統民宿也能住得
很便利。

　　房間共有三間,分別是後方的上下樓層,以及客廳上方的閣樓。日
本的閣樓很有意思,後方閣樓設有三個可活動的木板拉門,一層層拉
開才能進入。擅長表演的松林先生自然不會錯過這個好機會,門一拉
開撲鼻而來薰香氣味,連嗅覺都被喚醒了。

　　客廳上的閣樓因為空間很大,設置了小小的書桌,最能欣賞天花板
之美,他也大力推薦我們晚上一定要睡這。

　　所有房間都參觀完了,當我們回到客廳,松林先生要我們坐下等
待。此時他再把房門打開,走出一位看似頗有修練的高人,他吹著尺
八步步進逼,我們也步步後退,跟著他轉圈圈,音色飄渺更引人進入
空靈境界。他一共帶了三把大小不同的尺八,先送上一首日本傳統歌
曲,第二首竟然是臺灣民謠〈望春風〉,第三首則是幫「日本百合庵」

做的曲子，幽暗的氣氛配上尺八的演奏，是極上享受。演奏完，老師教我們幾位吹奏尺八，自然又是一陣急需摸索的挑戰了。尤其尺八不像手裡劍，吹不吹得出聲音是一翻兩瞪眼，還好我練習一下終於成功了，但徒有聲音，無法成調，樂器這東西當然不是我們這種外行人可以立刻學會的。

等到所有大驚奇統統上演完畢後，大夥的肚子也餓得咕嚕叫，松林先生端上火鍋料理，是等級超高又厚的伊賀牛肉和蔬菜盤，以及捏成三角形的白飯糰。一邊吃著美味食物，一邊對剛剛的驚奇表演讚不絕口，連本來以為已經吃不下的飯糰，在經過燒烤加入醬油調味後，美味度也大大上升，全部被完食。

為了讓旅人感受自然之美，民宿並未設置電視，晚餐後大夥跑到外面散步，才發現在沒有光害的鄉下，星空是如此美麗，我們這些都市人已經不知道多久沒有看過星星了，這個夜晚十足回歸自然，令人享受。

第二天一早，千萬不能錯過欣賞日出的時刻，六點不到就起床等待，當金黃色的陽光出現在田野另一頭時，所有的睡意頓時消去。

7／早晨千萬不能錯過日出。
8／就著晨光享用早餐。

豐盛的早餐之後，離去前，松林先生不忘給我們最後的驚奇——吹法螺。他先在口裡喃喃有詞，吆喝了幾聲聽不太懂的咒語，接著中氣十足地吹起法螺來，伴著背後田園景觀，法螺的聲響迴盪在空中，呈現空靈氣氛。原來松林先生是一位修道士兼住持，每年大約有 10 天會去附近山林中修練，包括爬山、瀑布沖水等，就是電影中站在大瀑布下沖水的艱困修行，非常辛苦。他說：「目前這樣修行的『山伏（在山中修行修驗道的人）』已經很少了，每年藉著修練，他不僅可以鍛鍊身心，也能感受大自然合一的境界。」他還曾挑戰阿爾卑斯山等高山，修習印度佛教等，原來庵主不僅身懷各種絕技，身分也相當多元。入住民宿才能與當地主人密切交流，這也是一般旅館所無法享受到的特別經驗。

日本百合庵（ささゆり庵）

⌂ 奈良県宇陀市室生深野 656

☎ 0745-88-9402

@ sasayuri-ann.jp/PC/index.html

9／一陣山嵐飄過田野，氣氛空
靈。10／松林先生用法螺喚醒
一天的美好。

| 05 |

古都里庵

在飛鳥古居成爲魚干女

247

飛鳥車站附近的民宿古都里庵，親切得就像回到家一般。這是一間一天只接待一組客人的民宿，並非特意打造給觀光客使用，是很常見的日本民宅。一看到古都里庵的小緣廊，我就想起日劇《魚干女又怎樣》中綾瀨遙的魚干女生活，大口喝著啤酒，穿著最寬鬆的衣服在老房子地板上滾來滾去，忍不住想大喊：「部長，我回來了。」

品味日本生活之日常

民宿有著小小的庭園，溫馨的大廚房裡擺著各式餐具與烹調用具，木頭大長桌能容納4、5人一起用餐。用來燒水、取暖的圍爐裡就在客廳旁。日本居家必備的暖爐桌這裡也沒少，蓋著棉被吃飯聊天，是冬天最開心的事情。

雖然說不是刻意打造給觀光客用的民宿，但邊間的小房間倒是展現出主人的好品味。略帶早期西式復古風味的沙發與吊燈，自動換片的爵士樂音在空氣中飄揚，一切彷彿不經意的安排，卻都具備精心巧思。

民宿晚餐相當豪華，我們事先預訂了一人 6 千日幣的火鍋套餐。除

1／日式老宅常見的緣廊，是魚干女綾瀨遙最愛打滾的地方。
2／非常居家的廚房，也適合自己動手烹調。

休息是為了再出發

3／展現主人好品味的小邊間，裝潢
西式復古，夜晚搭配爵士樂很對味。
4－5／豐盛的菜餚讓我們吃得心滿
意足。6／屋主小川先生（左）與助
手開心留下合影，小川先生是攝影師，
還曾出版過攝影集。

古都里庵

🏠 奈良県高市郡明日香村真弓 1473
📞 0744-54-1055
@ www.kotorian.jp/

此之外，還附贈擺盤精美的前菜，像是在吃日式年菜般菜色多樣又精
緻，飯後還有女孩最愛的草莓甜點，身心都大大滿足。

　在奈良的兩間民宿體驗，風格截然不同。第一晚初來乍到較為興
奮，入住體驗活動豐富的高級民宿，新鮮感十足；第二天在純樸的
飛鳥地方遊覽後，換到充滿居家感的古都里庵，身心都能獲得充分沉
澱。兩天的住宿安排與旅遊情緒配合巧妙。對住慣一般旅館的我來
說，不制式的安排格外印象深刻。飛鳥的純樸，搭配如此日常的居
家，再對味不過了。

附錄 建議行程與補充景點資訊

京都

身處菁華區的洛中，是遊客踏出京都車站的第一站，這裡有「京都廚房」錦市場以及熱鬧商店街；遊人最多的洛東，不能錯過清水寺、八坂神社、哲學之道；洛西優美的自然風景，往昔吸引皇宮貴族在此營造寺院與別墅；日本酒和茶葉產地的洛南，曾是《源氏物語》中主角談情的舞臺；深幽清靜的洛北，則是遍遊京都玩家最愛的縱深之地，貴船川邊納涼、賀茂川旁探秘，還有文青最愛的左京區，就連日常風景都是旅人愛不釋手的不平凡。

一日遊行程建議

洛中雜貨美食之旅：FRANCOIS → SOU・SOU → 片山文三郎商店 → 錦市場 → petit à petit → 一保堂 → 大吉 → 芸艸堂 → Lisn → 來我家吃飯 KOKORA 屋

洛東古意風情之旅：銀閣寺 → 哲學之道 → 銀意匠 → HOHOHO 座 → 南禪寺 → 蹴上鐵道

洛東藝文之旅：京都國立博物館 → 清水寺 → 金網辻 → ZEN CAFÉ → PASS THE BATON 京都祇園店

洛西鐵道悠閒之旅：嵯峨野観光鉄道 → 嵐山散策 → KARANKORON → London Books → 嵐電小火車

洛北文青散策之旅：萩書房 → montique → 惠文社一乘寺店 → 陶板名畫庭園 → 京都府立植物園 → 上賀茂神社

250

宇治文學意境之旅： (RAKU Café) → 宇治平等院鳳凰堂 → 中村藤吉本店 → 源氏物語博物館 → 宇治上神社

來到宇治必不能錯過的，就是中村藤吉本店的抹茶點心。

奈良

　雖然同是千年古都，坐擁眾多世界遺產，但不同於京都繁華艷麗，奈良多了份古樸氣質，少了點驕縱之氣。東大寺、奈良公園等人氣世界遺產是絕不能錯過的，而奈良的小巷弄、郊區則更能體會到古都的悠閒內涵。

一日遊行程建議

文青散策之旅： 奈良國立博物館→ (遊中川本店) → (胡桃之木咖啡店、Cage)

郊區悠閒之旅： 橿原神宮 → 石舞台 →長谷寺→ (夜宿日本百合庵)

大阪

　從豐臣秀吉建城開始，大阪就成為商賈繁盛的庶民城市。近代中之島成為金融重心，留下許多頗具規模的日本早期洋風建築；梅田地區是都市計畫下繁華的創新之地；南邊的老城區更充分展現大阪新舊混搭的鮮活魅力。

一日遊行程建議

老城散策之旅： 大阪城公園 → 中央公會堂 → 松屋町散策 → (natu coco) → 道頓掘

建築設計之旅： (大阪府立近飛鳥博物館) → Grand Front Osaka 梅北廣場 → 蔦屋書店 → 中之島線浪花橋站 → 國立國際美術館 → (graf studio kitchen) → (丸善淳久堂書店)

安藤忠雄參與規畫的梅北廣場，將梅田
車站商圈變為時尚空間。

神戶

　　曾是對外主要國際港口的神戶，明治時代被列為外國人居留地，北野異人館區至今仍保留昔日各國領事館及外國人住家林立的洋風洋調，讓人彷若置身歐美。港區華燈初上時，神戶港燦爛無比，更榮登日本新三大夜景城市。

一日遊行程建議

美食浪漫之旅： 神戶布引香草園 → (神戶北野美術館下午茶) → 北野異人館散策 → (Bistrot Cafe de Paris 晚餐) → 元町商店街

建築美學之旅： 橫尾忠則現代美術館 → (兵庫縣立美術館) → 北野地區安藤忠雄建築 → (神戶北野美術館) → 神戶港夜景

補充景點資訊

地區	景點	資訊
京都	錦市場	地址：京都府京都市中京区錦小路通寺街通～高倉通 營業時間：8：00 ～ 18：00 網址：kyoto-nishiki.or.jp/
	一保堂	地址：京都市中京区寺町通二条上ル 營業時間：9：00 ～ 18：00 電話：075-211-3421 網址：www.ippodo-tea.co.jp
	南禪寺	地址：京都府京都市左京区南禪寺福地町 營業時間：8：40 ～ 17：00（12/1 ～ 2/28 提前至 16：30） 電話：075-771-0365 門票：方丈庭院及三門 ¥500、高中生 ¥400、國中、小 ¥300；南 　　　禪院 ¥300、高中生 ¥250、國中、小 ¥150 網址：www.nanzen.net
	銀閣寺	地址：京都府京都市左京区銀閣寺町 2 營業時間：8：30 ～ 17：00（12/1 ～ 2/28：9：00 ～ 16：30； 　　　無休 電話：075-771-5725 門票：¥500、國中、國小 ¥300 網址：www.shokoku-ji.jp/
	蹴上鐵道	地址：京都府京都市左京区粟田口山下町～南禅寺草川町
	清水寺	地址：京都府京都市東山区清水一丁目 294 營業時間：6：00 ～ 17：30，季節限定夜間開放；無休 電話：075-551-1234 網址：www.kiyomizudera.or.jp/index.html
	嵯峨野觀光鉄道	網址：www.sagano-kanko.co.jp/
	嵐電小火車	網址：www.keifuku.co.jp/
	陶板名畫庭園	地址：京都府京都市左京区下鴨半木町 營業時間：9：00 ～ 17：00 電話：075-724-2188 門票：¥100 網址：toban-meiga.seesaa.net/
	京都府立植物園	地址：京都市左京区下鴨半木町 營業時間：9：00 ～ 17：00；12/28 ～ 1/4 休 電話：075-701-0141 門票：¥200、高中生 ¥150（國中以下免費） 網址：www.pref.kyoto.jp/plant
	上賀茂神社	地址：京都市北区上賀茂本山 339 營業時間：5：30 ～ 17：00 電話：075-781-0011 網址：www.kamigamojinja.jp

地區	景點	資訊
宇治	平等院鳳凰堂	地址：京都府京都市宇治市宇治蓮華 116 營業時間：8：30 ～ 17：30；無休 電話：0774-21-2861 門票：大人 ¥600、國高中生 ¥400、小學生 ¥300 網址：www.byodoin.or.jp/ch2/visit.html
	中村藤吉本店	地址：京都府宇治市宇治壹番十番地 營業時間：10:00 ～ 17:30；無休 電話：0774-22-7800 網址：www.tokichi.jp/chinese_traditional/
	源氏物語博物館	地址：京都府宇治市宇治東內 45-26 營業時間：9：00 ～ 17：00；星期一休 電話：0774-39-9300 門票：大人 ¥500、小孩 ¥250 網址：www.uji-genji.jp/
	宇治上神社	地址：京都府宇治市宇治山田 59 營業時間：9:00 ～ 16:30 電話：0774-21-4634
奈良	奈良國立博物館	地址：奈良縣奈良市登大路町 50 番地 營業時間：9：30 ～ 18：00；星期一休 電話：050-5542-8600 門票：一般 ¥520、大學生 ¥260 網址：www.narahaku.go.jp/
	橿原神宮	地址：奈良縣橿原市久米町 934 營業時間：9：00 ～ 16：00；寶物館平日休 電話：0744-22-3271 門票：大人 ¥300、高中生以下 ¥200 網址：www.kashiharajingu.or.jp/
	石舞台古墳	地址：奈良縣高市郡明日香村島庄 營業時間：8：30 ～ 17：00；無休 電話：0744-54-4577 門票：一般 ¥250、高中生 ¥200、國中生 ¥150、小學生 ¥100 網址：asukadeasobo.jp/kankou/ishibutai
	長谷寺	地址：奈良縣桜井市初瀨 731-1 營業時間：8：30 ～ 16：30 電話：0744-47-7001 門票：大人 ¥500、小學生 ¥250 網址：www.hasedera.or.jp/

地區	景點	資訊
大阪	大阪城	地址：大阪府大阪市中央区大阪城 1-1 營業時間：9：00 ～ 18：00；無休 電話：06-6941-3044 門票：大人 ¥600、國中以下免費 網址：osakacastlepark.jp/
	中央公會堂	地址：大阪府大阪市北区中之島 1-1-27 營業時間：9：30 ～ 21：30、第四星期二休 電話：06-6208-2002 網址：osaka-chuokokaido.jp/
	Grand Front Osaka 梅北廣場	地址：大阪市北區大深町 4-1（近大阪車站中央北口） 營業時間：10：00 ～ 21：00 網址：www.gfo.com.tw
	蔦屋書店	地址：大阪府大阪市北区梅田 3-1-3　LUCUA 9F 電話：06-4799-1800 營業時間：7：00 ～ 23：00；不定休 網址：real.tsite.jp/umeda
	浪花橋站	京阪電車中之島線
	國立國際美術館	地址：大阪市北区中之島 4-2-55 營業時間：10：00 ～ 17：00（五、六至 20：00）；週一休 電話：06-6447-4680 門票：常設展大人 ¥430、大學生 ¥130 網址：www.nmao.go.jp
神戶	神戶布引香草園	地址：兵庫県神戸市中央区北野町 1-4-3 營業時間：10：00 ～ 17：00(假日至 20：30）；無休 電話：078-271-1160 門票：纜車往返券大人 ¥1400、小孩 ¥700 網址：www.japan-ryokan.net/kobeherb/test/zh-TW/index1.html
	橫尾忠則現代美術館	地址：兵庫県神戸市灘区原田通 3-8-30 營業時間：10：00 ～ 18：00；星期一休 電話：078-855-5602 門票：一般 ¥700、大學生 ¥550、高中生與 65 歲以上 ¥350、國中生以下免費 網址：www.ytmoca.jp/
	元町商店街	地址：兵庫県神戸市中央区元町通 網址：www.kobe-motomachi.or.jp/
	北野地區安藤忠雄建築	北野アレイ、RIN'S GALLERY、ROSE GARDEN 網址：www.feel-kobe.jp/model-course/005/ 地址：兵庫県神戸市中央区山本通

全書店家索引

全書店家索引

ACROSS 系列 032

大人的關西私旅：
職人選物、特色旅店、藝文書屋、設計雜貨、美食咖啡 52 選

作　　　者 — 羅沁穎
主　　　編 — 陳信宏
責 任 編 輯 — 尹蘊雯
責 任 企 畫 — 曾睦涵、曾俊凱
美 術 設 計 — 葉馥儀
董 事 長
總 經 理 — 趙政岷
總 編 輯 — 李采洪
出 版 者 — 時報文化出版企業股份有限公司
　　　　　　　10803　臺北市和平西路 3 段 240 號 3 樓
　　　　　　　發 行 專 線 —（02）23066842
　　　　　　　讀者服務專線 —（0800）231705 ‧（02）23047103
　　　　　　　讀者服務傳真 —（02）23046858
　　　　　　　郵撥 — 19344724　時報文化出版公司
　　　　　　　信箱 — 臺北郵政 79~99 信箱
時 報 悅 讀 網 — http://www.readingtimes.com.tw
電 子 郵 件 信 箱 — newlife@readingtimes.com.tw
時報出版愛讀者粉絲團 — http://www.facebook.com/readingtimes.2
法 律 顧 問 — 理律法律事務所 陳長文律師、李念祖律師
印　　　　刷 — 詠豐印刷有限公司
初 版 一 刷 — 2017 年 1 月 20 日
定　　　價 — 新台幣 360 元
（缺頁或破損的書，請寄回更換）

時報文化出版公司成立於一九七五年，
一九九九年股票上櫃公開發行；二○○八年脫離中時集團非屬旺中，
以「尊重智慧與創意的文化事業」為信念。

國家圖書館出版品預行編目資料

大人的關西私旅：職人選物、特色旅店、藝文書屋、
設計雜貨、美食咖啡52選/羅沁穎 著;
-- 初版. -- 臺北市：時報文化, 2017.1
面；　公分. -- (ACROSS；032)

ISBN 978-957-13-6863-4 (平裝)

1.日本旅遊 2.關西

731.7509　　　　　　　105023742

ISBN 978-957-13-6863-4
Printed in Taiwan